DESPINE. (baron de)

L'Eté à Aix en Savoie
Nouveau guide pratique. Partie médicale

Paris, 1859

Te 163
3₀

L'ÉTÉ

A

AIX EN SAVOIE

Imprimerie de HENNUYER et C°, rue Lemercier, 24. Batignolles.

L'ÉTÉ

A

AIX EN SAVOIE

—

NOUVEAU GUIDE PRATIQUE
MÉDICAL ET PITTORESQUE.

—

PARTIE MÉDICALE

PAR

LE DOCTEUR DESPINE FILS,

MÉDECIN INSPECTEUR DES EAUX,
Membre correspondant des Académies de Turin, de Savoie,
des Sociétés de médecine de Paris, Lyon,
Genève, etc.

—

TROISIÈME ÉDITION,
COMPLÉTEMENT REVUE ET AUGMENTÉE

1859

AVANT-PROPOS.

—

Les eaux d'Aix, déjà connues dans les temps les plus reculés, ont acquis, depuis quelques années surtout, une célébrité européenne.

Des constructions importantes, de nombreux changements dans les appareils, enfin, l'introduction de nouveaux moyens thérapeutiques, ont porté cet Établissement thermal à un tel point de perfection, qu'il est, avec raison, cité comme un Établissement modèle.

Ce qui assure aux eaux d'Aix une prééminence marquée sur la plupart des autres Établissements thermaux, c'est que la nature les a douées de la température la plus convenable à l'économie animale.

A Louëch, Carlsbad, Acqui, Lamothe, etc., les eaux, trop brûlantes pour pouvoir être immédiatement employées, sont refroidies au contact de l'air; à Enghien, Harrogate, Schinznach, Uriage, Allevard, leur température se trouvant inférieure à celle qui convient au bain, il faut les chauffer artificiellement; dans l'un et l'autre cas, elles sont exposées à perdre une partie de leurs principes actifs et surtout les gaz qu'elles contiennent. Enfin, presque partout on est obligé d'élever l'eau à l'aide de machines, dont le plus léger dérangement peut en arrêter tout à coup la distribution.

Les eaux d'Aix, au contraire, jaillissent à

mi-côte ; et, sans nécessiter des moyens mécaniques, elles peuvent être administrées à tous les degrés de pression, depuis un pied jusqu'à trente. Leur chaleur moyenne, de 45 degrés centigrades (35° Réaumur, 110° Fahrenheit), qu'on peut aisément mitiger, les rend propres à remplir toutes les indications médicales. Leur abondance est telle qu'elles alimentent une centaine de robinets, et que la seule eau dite de *Soufre* fournit, d'après le calcul de Francœur, soixante et douze mille litres par heure. Il faut encore ajouter à ces propriétés la douceur du climat, qui contraste d'une manière frappante avec la température froide et l'élévation de la plupart des lieux où jaillissent les autres sources minérales. Ces avantages qui ne se trouvent dans aucun autre Établissement de bains, la modicité des prix, les ressources et les agréments qu'offre le séjour d'Aix, telles sont, sans doute, les causes de sa prospérité.

Un grand nombre d'ouvrages intéressants ont été publiés sur Aix et sur ses environs; mais la plupart se sont abstenus de
traiter leur sujet sous le rapport médical,
ou sont trop étendus pour former un manuel
portatif et commode. J'ai tâché de remplir
cette lacune par cette nouvelle publication,
dans laquelle j'ai mis à profit les travaux de
mes devanciers et les traditions médicales
de ma famille.

Dans les voyages que j'ai entrepris en
France, en Angleterre et en Allemagne,
pour m'y perfectionner dans la science des
Eaux minérales, j'ai eu l'occasion de connaître des médecins et des chimistes distingués,
qui ont bien voulu m'honorer de leur amitié
et m'aider de leurs lumières. Enfin, l'affluence toujours croissante de baigneurs qui
semblent se donner rendez-vous de Paris, de

Lyon et des grandes cités italiennes, dans l'une des plus riantes vallées des Alpes, m'a permis de multiplier, à Aix, les observations de médecine pratique. C'est avec ces nombreux documents que j'ai entrepris cette troisième édition d'un ouvrage qui a reçu des Sociétés savantes, du public, un accueil auquel j'étais loin de m'attendre. Puisse-t-il être utile à mon pays, agréable à mes confrères, et instructif pour l'étranger ; ce sera la plus douce récompense de mes efforts.

———

L'ÉTÉ
A AIX EN SAVOIE.

CHAPITRE I.

Des Eaux thermales et minérales d'Aix.

§ I.

SOURCES THERMALES.

Les eaux thermales d'Aix forment deux sources principales : l'une dite de *Soufre*, et l'autre d'*Alun* [1] ou de Saint-Paul. Toutes deux jaillissent, avec une abondance extraordinaire, à 60 mètres environ l'une de l'autre.

[1] Les anciens, au rapport de Vitruve (*Architect.*, p. 271), désignaient le gypse, sous le nom d'alun. L'on peut en inférer que, ayant vu les cavernes où passait cette source, recouvertes de sulfate de chaux, tandis que le même phénomène ne pouvait être vérifié pour l'eau de soufre, dont le cours souterrain est inaccessible, ils donnèrent à celle-là le nom d'eau d'alun, de préférence à l'autre. Comme elle ne contient cependant aucune trace de sulfate d'alumine, quelques auteurs l'ont appelée aussi source de Saint-Paul, du nom d'une chapelle qu'on voyait jadis à peu de distance de ses réservoirs.

La première, renfermée tout entière dans le vaste édifice connu sous le nom de *Bâtiment Royal*, sort d'une roche calcaire, pénétrée de petits grains pyriteux, par une ouverture de 12 à 15 pouces carrés. Les variations atmosphériques ont peu d'influence sur son volume, sa couleur et sa chaleur ; ce qui porte à croire qu'elle coule plus profondément que l'eau d'alun.

Celle-ci sort du même banc calcaire, à une élévation de 30 pieds, qui permet de l'employer pour les douches à forte percussion. Elle communique avec plusieurs soupiraux appelés par Cabias les *Puits d'enfer*, qui semblent indiquer sa direction souterraine.

Le 30 juillet 1837, j'ai visité, pour la troisième fois, la Grotte des Serpents, qui forme l'un de ces soupiraux, et les galeries voisines situées sous la maison Roissard, à l'est de la ville. J'avais pour compagnons mon père, MM. Bonjean frères, le docteur Monnet d'Annecy et deux guides. Voici quel a été le résultat de nos observations.

La direction générale des souterrains s'étend du sud—est au nord-est. Leur longueur totale est d'environ 45 mètres. Ils communiquent à l'extérieur par deux issues, éloignées l'une de l'autre de 30 pieds et aboutissant sur la voie publique. La première, qu'on rencontre à quelques pas de la ville, est une ouverture de 7 décimètres carrés, habituellement fermée par une pierre de regard. La deuxième, située au nord-est de la précédente, forme l'entrée d'un couloir voûté, appelé la Caverne des Serpents, à cause des dépouilles de couleuvres qu'on y rencontre[1].

Ayant fait lever la pierre qui fermait la première entrée, nous vîmes, après trente secondes, des tourbillons de vapeurs s'échapper par l'issue supérieure, provenant du courant d'air que nous venions d'établir. Nous étant mis, par ce moyen, à l'abri de la suffocation qu'on avait à redouter de l'extrême chaleur et surtout du manque d'air atmosphérique dans ces cavités, nous y descendîmes à l'aide d'échelles, par l'ouverture carrée déjà décrite.

Celle-ci s'enfonce verticalement et aboutit à une espèce de chambre circulaire de 4 à 5 mètres carrés d'étendue, sur 1 mètre de hauteur dans œuvre. Au levant de ce vestibule existe une autre pièce presque aussi grande que la première ; son sol est incliné du nord au sud. Il se trouvait couvert de terre argileuse grisâtre, remplie de petits cristaux de gypse. Le car-

---

[1] Les couleuvres sont innocentes à Aix, comme elles le sont ailleurs ; les vipères y sont venimeuses : mais, comme elles y sont très-rares, ce fait a donné lieu à un préjugé qui consiste à attribuer aux eaux sulfureuses la propriété de neutraliser les effets de la morsure des serpents.

bonate calcaire dont se compose la roche s'y est
transformé en sulfate de chaux, phénomène qui a lieu
pareillement à l'autre issue du côté de la Grotte des
Serpents, mais qui n'existe pas dans les galeries inférieures ordinairement baignées par l'eau.

Le sol du premier vestibule est percé de deux puits
verticaux d'un mètre environ de large et de 5 à 6 mètres de profondeur. Tous deux aboutissent à une autre chambre dont les dimensions sont à peu près les
mêmes que celles de la première. Elle est de plain-
pied avec la partie principale de la grotte, et communique avec elle par un étranglement de 2 mètres
de largeur, sur 1 de hauteur. Le sol de l'étranglement est la partie la plus basse de cette grotte; de
sorte que l'eau y forme une mare qu'il faut traverser
pour arriver à la galerie centrale. Celle-ci est ellipti-
que, sa longueur est d'environ 15 mètres.

L'inclinaison du sol de la galerie étant de 25 degrés,
elle se trouve être presque parallèle à celle du coteau, ce qui fait que les eaux chaudes jaillissent dans
la partie supérieure, au nord-est, et viennent former
le petit étang dont j'ai déjà parlé. En remontant dans
cette galerie, dont la hauteur n'excède pas 1 mètre,
on arrive à un cul-de-sac de 4 à 5 mètres d'étendue,
dont la partie supérieure donne issue à une galerie
très-inclinée, recourbée sous un angle de 45 degrés

environ, et que nous avons désignée plus haut sous
le nom de Grotte des Serpents.

Le niveau de l'eau était de 20 pouces plus bas que
dans mes excursions précédentes, ce qui nous a fait
reconnaître deux grottes plus élevées et plus spacieu-
ses, situées au midi de celles que je connaissais déjà,
l'une en forme de grand four, avec une île au milieu,
découverte le 5 janvier 1835, par le doucheur Fa-
vrin, et une autre au delà, dont nous n'avons pu reconnaître exactement l'étendue, la profondeur de l'eau
empêchant de pénétrer plus avant. Autant que j'ai pu
en juger, à la clarté brillante d'une flamme de Bengale
et des bougies que nous abandonnions au courant de
l'eau, ces galeries se dirigent, du nord au sud, du côté
de la source *Fleury*, puis, se recourbant sur elles-
mêmes, servent à l'écoulement des eaux, qui de là se
rendent vraisemblablement au souterrain appelé *Cul-
de-lampe*.

L'eau, dans l'ancienne galerie, marquait 39° et l'air
ambiant 36. Dans la nouvelle galerie, l'eau était au
même degré, mais l'atmosphère marquait un degré
de plus ; les vapeurs y étaient plus denses, la flamme
de la bougie plus courte et la chaleur suffocante.

Toutes les anfractuosités du sol, ainsi que l'eau,
dans les endroits où elle est stagnante, renferment de
nombreux filaments blanchâtres de matière azotée,

beaucoup plus abondante en *sulfuraire* qu'en *glairine* proprement dite.

La voûte de ces grottes est tapissée de stalactites membraniformes, desquelles on voit couler des gouttes d'eau fort acide. Chaptal rapporte le même phéno- mène des bains de Saint-Philippe en Toscane, d'après le témoignage de Baldassari. Ce fait avait déjà été ob- servé par le docteur Fantoni, qui écrivait, il y a plus d'un siècle, dans son ouvrage sur les Eaux d'Aix : « Je m'a- « perçus que les plus acides de ces gouttelettes étaient « celles qui se trouvaient les plus proches de la source, « surtout vers la fenêtre qui donne du jour au réser- « voir des eaux ; les autres l'étaient beaucoup moins, « et enfin, celles qui se trouvaient le plus loin de la « porte présentaient à peine de l'acidité. » Diverses expériences, faites à ce sujet, donnent lieu de croire que l'hydrogène sulfuré, tenu en suspension dans les vapeurs, venant en contact avec l'air extérieur, s'em- pare d'une partie de son oxygène, et le transforme en acide sulfurique.

Outre les deux soupiraux décrits, il en existe deux autres ; l'un, habituellement fermé, situé au nord des bosquets du jardin Chevallay ; l'autre, dans la com- mune de Mouxy, sous le roc de Saint-Victor, d'où l'on voit s'élever, en hiver, de légères vapeurs.

Les excursions faites à diverses reprises dans ces

souterrains ont démontré que le massif à travers lequel filtrent les eaux est plein d'anfractuosités ; une d'elles, existant sous la maison Roissard, semble donner naissance à la source Fleury, qui n'en est éloignée que de quelques pas.

Cette fontaine et l'ancienne source Chevillard, à Marlioz, jaillissent à un quart de lieue de distance l'une de l'autre. La première est chaude et offre des intermittences irrégulières dans sa sulfurisation. La deuxième est froide et beaucoup plus sulfureuse que les autres sources d'Aix.

Deux sources existent à Marlioz, inégalement chargées de principes médicamenteux. La plus active est celle dite d'*Esculape ;* la deuxième est la source *Adélaïde.* Toutes deux renferment de l'iode et du brôme ; minéralisées par un sulfure alcalin avec excès d'acide sulfhydrique, elles offrent l'avantage de pouvoir être transportées au loin sans se décomposer. La facilité qu'ont les malades à Aix de pouvoir combiner un traitement thermal sudorifique avec la boisson des eaux sulfuro-iodurées de Challes et de Marlioz, ou avec les eaux alcalines de Coise et d'Évian, qui toutes se trouvent dans le voisinage, est surtout précieuse pour combattre les affections scrofuleuses et cutanées rebelles, ainsi que les affections goutteuses et celles des voies urinaires. Quant à l'eau de Marlioz, dont j'ai plusieurs fois constaté l'utilité dans les maladies chroniques de l'estomac, elle a pour effet constant d'augmenter sensiblement les forces digestives.

Les eaux d'alun tarirent tout à fait, il y a environ cinquante ans, et prirent, du côté de l'Est, un nouvel écoulement, à plus de 100 mètres de celui qu'elles avaient d'abord. La visite de la caverne ayant fait reconnaître que des blocs tombés de la voûte en avaient obstrué les conduits, on les déblaya, et bientôt après les eaux reprirent leur cours primitif.

Des observations, qui datent de temps immémorial, prouvent que les eaux thermales d'Aix conservent à peu près toujours la même température. On a gardé cependant le souvenir de quelques variations assez remarquables. C'est ainsi qu'en 1755, lors du tremblement de terre de Lisbonne, et en 1783, lors de celui qui bouleversa une partie de la Calabre, les eaux de soufre se troublèrent et se refroidirent; elles tinrent en suspension, pendant plusieurs heures, des flocons gélatineux, qui se déposaient, sous forme de sédiment bleuâtre; rien de semblable n'eut lieu alors dans les eaux d'alun, bien que le même phénomène ait été observé, à cette époque, pour un grand nombre de sources thermales étrangères.

En 1822, une nouvelle secousse se fit ressentir dans la direction du N.-N.-Est au S.-S.-Ouest, et réagit

encore sur les eaux. Tout le sol de la Savoie fut fort
tement ébranlé, surtout aux environs du lac du Bourge
et de celui d'Annecy. La source de soufre resta
froide, six heures de temps ; elle prit une teinte cen-
drée et charria, pendant un jour, une grande quantité
de matière végéto-animale. Les eaux d'alun, par une
singularité digne de remarque, n'éprouvèrent encore
aucun changement [1].

En 1816, les pluies ayant été très-abondantes, il
parut aux environs des deux sources principales
d'autres filets d'eau chaude, qui ne tardèrent pas à
tarir, et qui furent probablement le résultat d'un trop-
plein. Les eaux d'alun s'étaient extrêmement refroidies, et celles de soufre ne marquaient que 25 degrés.

Dès lors, les sources n'ont pas présenté des variations notables dans leurs qualités physiques ou chimiques ; mais celles qu'elles possèdent habituellement
pourraient, indépendamment de leurs propriétés médicales, les rendre extrêmement utiles dans les arts
et l'agriculture. En effet, leur situation au penchant

[1] Un fait aussi remarquable, c'est que les tremblements de
terre qui ont eu lieu, au nombre de 109, dans la province de
Maurienne, à dater du 19 décembre 1838 jusqu'au 18 mars 1840,
ainsi que celui qui a eu lieu à Aix même, le 2 janvier 1841,
n'ont produit sur les eaux de soufre et d'alun aucun changement appréciable.

de la colline, leur volume considérable et presque
toujours uniforme, permettraient de les appliquer
dans plusieurs établissements industriels. On a remarqué qu'elles sont éminemment propres à la confection
du papier, et qu'elles lui donnent la qualité de conserver les couleurs, qui y acquièrent plus d'éclat, pour
la peinture au lavis et à l'aquarelle: La faculté qu'elles
possèdent de dégraisser et d'assouplir la laine, les ferait employer avec avantage dans les fouleries. Les
arts du teinturier, du mégissier, du tanneur, pourraient les utiliser; et elles offriraient à l'horticulture
un moyen facile de maintenir dans les serres une
chaleur douce et constamment égale. Enfin, rien ne
serait plus aisé que d'utiliser cette chaleur pour l'in-
cubation artificielle des œufs de poule en hiver, ainsi
que l'a pratiqué M. Darcet à *Chaudes-Aigues* et à *Vi-
chy*, dont les eaux n'ont pas plus de 45 degrés R.

Empressée de s'éclairer de toutes les notions propres à faire connaître la direction souterraine de nos
sources minérales, leur profondeur dans le sein de la
terre et les causes susceptibles de produire leur refroidissement, l'Administration des Bains a profité du
séjour de M. l'abbé Paramelle en Savoie, pour lui
faire examiner les terrains environnants.

Le 5 juillet 1836 fut le jour de l'excursion. M. Paramelle, mon père, médecin-directeur de l'Établisse-

ment, et plusieurs membres de la Commission administrative des Bains l'accompagnèrent ; je me joignis à la société, et voici le résumé des observations énoncées par cet explorateur et de son opinion personnelle au sujet de nos sources thermales :.

1° L'eau dite d'alun et l'eau dite de soufre ont la même origine et la même cause calorifique : leur chaleur est due à des décompositions chimiques dans le sein de la terre.

2° Ces deux sources proviennent d'un grand nombre de filets d'eau épars le long de la courbe d'environ 1,000 mètres, que décrivent les rochers du *grand Revard* et ceux qui les avoisinent au nord-est de la commune de Mouxy.

Tous ces filets se réunissent ensuite au-dessous du rocher de *Saint-Victor*, lieu où se bifurquent les deux sources jusqu'à leur orifice respectif de sortie, en suivant une ligne presque droite de l'est à l'ouest.

3° La profondeur des deux sources n'est pas la même ; l'eau d'alun coule beaucoup plus superficiellement que sa voisine, de là le refroidissement plus prompt et plus grand de la première, après des pluies abondantes.

4° La source *Fleury* n'est qu'un filet détaché de la source d'eau d'alun.

5° On pourrait prévenir l'altération des eaux thermales d'Aix et augmenter vraisemblablement leur chaleur, en fermant le soupirail qui se trouve près du rocher de Saint-Victor et en détournant les eaux froides qui passent non loin de là, surtout dans les grandes pluies ou à la fonte des neiges.

6° La différence et la proportion des principes minéralisateurs des deux espèces d'eau seraient par conséquent dues à la nature des terrains que ces eaux parcourent dès leur bifurcation ; c'était déjà l'opinion de Bleton et de Thouvenel.

Bleton était un simple paysan à qui la présence des sources souterraines donnait un mouvement fébrile et un état nerveux, qui allait quelquefois jusqu'à la défaillance.

En 1784, le docteur Dacquin et le physicien Thouvenel essayèrent de suivre le cours de nos eaux thermales à l'aide de Bleton. Le résultat de leurs expériences fut que leur origine était commune vers le nord-est et que leur point de division était à une demi-lieue environ de la ville, sur le territoire de la paroisse de Pugny.

§ II.

PROPRIÉTÉS PHYSIQUES.

Les propriétés physiques des eaux d'Aix, qui méritent particulièrement d'être examinées, sont : leur

couleur, leur odeur, leur saveur, leur pesanteur spécifique, leur volume, leur dépôt et leur chaleur.

Couleur. — L'eau d'alun observée, tant dans les
bassins qui la reçoivent, au sortir du rocher, que dans
le *Bain royal*, présente une teinte légèrement verdâtre,
due aux conferves et *détritus* qui en tapissent les parois.

L'eau de soufre, tombant immédiatement dans les
cabinets de douches et de bains, où règne beaucoup
de propreté, n'offre pas la même teinte.

Toutes deux, examinées dans un vase de cristal,
sont d'une limpidité parfaite ; on aperçoit seulement,
dans les eaux de soufre prises à la source, le dégagement d'une multitude de bulles gazeuses, qui viennent
crever à la surface et obscurcissent un instant leur
transparence.

Odeur. — Les deux sources ont une odeur d'œufs
couvés, ou d'acide hydro-sulfurique, qui cependant
est moins prononcée dans l'eau d'alun. Cette odeur
est insensible à la sortie du rocher. Elle ne commence
à se développer qu'au bout de quelques secondes de
leur exposition à l'air ; vingt-quatre heures après,
elles sont parfaitement inodores.

Saveur. — Si la présence de l'acide hydro-sulfurique ne se manifeste pas constamment à l'odorat, elle
se reconnaît toujours au goût : car, après avoir bu

une verrée d'eau minérale, on ne tarde pas à éprouver des rapports nidoreux, qui sont d'autant plus fréquents que les circonstances favorisent davantage le dégagement du gaz hydrogène sulfuré.

Leur saveur varie suivant l'état de l'air. Très-sensible dans les temps d'orage et lorsque l'atmosphère est chargée d'électricité, elle devient moindre dans les temps chauds et lorsque la pression atmosphérique diminue. Elle est d'ailleurs un peu nauséabonde et laisse une impression douceâtre.

Pesanteur spécifique. — La pesanteur spécifique des deux espèces d'eau est à peu près la même et dépend de la température qu'elles ont au moment de l'expérience. Tant que les eaux sont chaudes, leur densité restant moindre, l'aréomètre, ainsi que l'a remarqué Socquet, s'y enfonce d'un degré et demi au-dessous de zéro. Refroidies, cet instrument se maintient à un quart de degré au-dessous de ce point, et s'écarte peu de la densité spécifique de l'eau distillée.

D'après M. Bonjean, la pesanteur spécifique de l'eau de soufre, comparée à celle de l'eau distillée, est de 100,01.

Volume. — La source d'eau de soufre produit, d'après Francœur, vingt litres par seconde, c'est-à-dire douze hectolitres par minute, et un million sept cent vingt-huit mille litres par vingt-quatre heures. Qu'on ajoute à cette quantité, l'eau d'alun, dont le volume est presque moitié de celui de la précédente, et l'on aura une idée de la masse énorme des eaux thermales qui sont à la disposition de l'Établissement.

Dépôts. — On remarque dans le grand canal rectangulaire qui conduit les eaux de soufre au réservoir de distribution, un dépôt de couleur sombre, composé d'une multitude de filaments onctueux au toucher, se déchirant à la manière des substances fibreuses, et laissant au goût une saveur fade, légèrement styptique.

On trouve des dépôts analogues dans le bassin de la source de Saint-Paul, au fond du souterrain, appelé *Cul-de-lampe*, et dans le Bain royal. Ceux-ci ont plus de consistance et se rapprochent davantage, par leur aspect, des mousses et des lichens; tandis que les premiers sont presque entièrement formés par une substance végéto-animale, appelée *glairine* par Anglada, et *batraco-sperme* par quelques naturalistes, à cause de sa ressemblance au frai de grenouilles. L'influence de la lumière du soleil la colore en vert, d'une manière manifeste.

Chaleur. — La chaleur des eaux est bien différente, lorsqu'on l'observe dans les réservoirs extérieurs, ou dans les souterrains qu'elles se sont creusés naturelle-

ment. Au fond de la *Grotte des Serpents*, le thermomètre marque quelquefois 40° R. (120 Fahrenheit). Les
Bouillons et les cabinets de l'*Enfer* donnent 35° R.
(110 F.); le nouveau *Vaporarium* peut élever la chaleur de l'atmosphère de ses cabinets à 27° R. (91 F.);
la *Division du centre* fournit l'eau à 34° R. (104 F.);
enfin, dans la division *des Princes*, qui est mieux aérée
et plus vaste, cette chaleur dépasse rarement 33° R.
(103 F.).

La température des eaux de soufre varie à peine en
hiver; mais, après de fortes ondées d'orage ou des
pluies prolongées, elle s'abaisse de quelques degrés,
et il lui faut un certain temps pour revenir à sa chaleur normale. Celle des eaux d'alun, au contraire,
s'abaisse promptement de 4 à 5 degrés dans la saison
des pluies, et remonte avec rapidité, aussitôt que les
causes du refroidissement ont cessé.

La plupart des auteurs qui ont écrit sur Aix s'accordent à dire que l'eau commune, portée au même
degré de chaleur que ces eaux thermales, se refroidit
plus rapidement que celles-ci. L'un d'eux assure
même que l'eau ordinaire, portée à 80 degrés R., perd,
en deux heures, 60°, tandis que l'eau thermale n'en perd
que 15 en douze heures. Les dernières expériences
que j'ai faites, pour m'assurer de la réalité de cette
assertion, ne m'ont point donné les mêmes résultats.

Elles tendent au contraire à appuyer celles de M. Bonjean. D'après lui, l'eau ordinaire est, de toutes, celle qui se refroidit le plus vite ; vient ensuite celle d'alun, puis celle de soufre, enfin, l'eau distillée. L'eau ordinaire, portée à 45 degrés centigrades, n'exige que 118 minutes pour descendre à 25 ; l'eau d'alun 127, l'eau de soufre 131 et l'eau distillée 135, toutes circonstances égales d'ailleurs.

Si l'on plonge la main dans l'eau de soufre ou d'alun, sans l'agiter, l'impression de la chaleur est sensiblement moins forte que lorsqu'on lui imprime du mouvement. Cette observation est importante pour celui qui prépare les bains ; car la sensation qu'il éprouve lui tient souvent lieu de thermomètre.

Malgré la température élevée des eaux d'Aix, De Saussure dit, dans son savant ouvrage sur les Alpes (vol. III), qu'on trouve des animaux vivants dans les bassins qui les reçoivent, et qu'il y a reconnu lui-même des rotifères, des anguilles et d'autres animaux infusoires.

Nous y avons observé, M. Fontan et moi, à l'aide d'un excellent microscope d'*Amici*, des naviculaires, plusieurs variétés d'oscillaires, entre autres, l'*oscillaria tenuissima*, ayant un cinq-centième de millimètre de longueur.

Cause présumée de la chaleur des eaux thermales. —

Les savants sont encore divisés sur la cause de la chaleur des eaux thermales. Plusieurs d'entre eux ont attribué cette chaleur au jeu de l'affinité chimique des corps qui existent dans les entrailles de la terre.

Barri et *Lemaire* expliquent cette chaleur par la fermentation ; *Steffens*, par l'action de grandes piles voltaïques, produites par l'alternat des couches qui forment l'enveloppe corticale du globe.

Etmuler, *Valmont de Bomare*, *Godefroi*, pensent que cette chaleur est due à la décomposition des pyrites ; *Martinet*, à l'électricité ; *Paul Dubé* et *Verner*, à la combustion lente des mines de charbon fossile ; *Davy*, à la décomposition de l'eau et à l'oxydation, dans l'intérieur du globe, des métaux qui forment la base des terres et des alcalis.

Rullman, dans sa description de Wiesbaden, exagérant le système de Kepler, imagine que le globe est un animal doué de vitalité, et que les eaux minérales appartiennent à ses sécrétions.

D'Omalius d'Halloy explique aussi cette chaleur par le feu central. « On conçoit, dit-il (*El. de Géologie*, « p. 428), qu'au milieu de l'amas de décombres qui « composent la croûte du globe, il se trouve non- « seulement des interstices suffisants pour laisser « passer des courants de matière liquide ; mais qu'il « doit y en avoir d'autres plus resserrés qui ne laissent

« passer que des gaz plus ou moins échauffés. Or,
« dès qu'un de ces tuyaux naturels sera en commu-
« nication, sous des conditions favorables, avec de
« l'eau, il la transformera en eau thermale ou miné-
« rale, selon la nature et la température du fluide
« mis en contact ; de même que, dans nos labora-
« toires, on fait des eaux minérales factices, au moyen
« des gaz que l'on introduit dans l'eau ordinaire, par
« des tuyaux artificiels. »

La plupart des physiciens et géologues modernes,
reconnaissant, avec ce dernier, l'insuffisance des causes
énumérées par les anciens pour expliquer l'unifor-
mité de la chaleur des eaux thermales, ont recours,
comme lui, au feu central. Voici leur théorie.

Le calcul a prouvé aux astronomes que notre planète a précisément la forme qu'elle aurait dû prendre
si elle avait été primitivement fluide. Les observations
faites sur la température intérieure de l'écorce du
globe, dans les plus grandes profondeurs qu'il ait été
possible d'atteindre, démontrent aussi que cette écorce
est douée d'une chaleur indépendante de celle que le
soleil développe à sa surface ; que cette chaleur augmente avec la profondeur ; et que, suivant Cordier,
elle peut être évaluée, terme moyen, à un degré cen-
tigrade pour 23 mètres de profondeur, d'où il ré-
sulterait qu'à 2 kilomètres elle atteindrait la tem-

pérature de l'eau bouillante, qu'à 10 myriamètres (ou moins de 1/60 du rayon terrestre), elle serait suffisante pour fondre la plupart des roches connues. Enfin, la physique nous apprend qu'une partie de cette chaleur devant se perdre dans les espaces planétaires, par l'effet du rayonnement, il en résulte un refroidissement continuel. On est donc fondé à conclure que, d'une part, il se trouve en-dessous de l'écorce du globe une masse immense à l'état de fluidité ignée, et d'autre part, que la partie extérieure de cette masse fluide tend à passer à l'état solide et à se réunir à la partie inférieure de l'écorce.

Ces différentes considérations sont la base du système géogénique qui rencontre aujourd'hui le plus de partisans, d'après lequel :

1° Notre planète a été primitivement à l'état de *fluidité incandescente*, entourée d'une atmosphère composée des fluides élastiques actuels et d'une foule de matières sublimées.

2° La cause calorifique ayant cessé, un des premiers effets de l'abaissement de température a été la *coagulation* d'une croûte solide, ou un premier mode de formation de roches du haut en bas.

3° Une partie des matières sublimées s'est ensuite précipitée sur la terre; elle vint ajouter une nouvelle croûte solide, dans un sens différent de la précédente, c'est-à-dire de bas en haut ; c'est la *précipitation atmosphérique*.

4° Dès que le refroidissement du globe a permis que l'eau y restât fluide, un autre mode de formation a eu lieu par voie humide ; c'est la *précipitation aqueuse*.

5° Enfin, après la consolidation de l'écorce, a eu lieu l'*éjaculation*, ou la poussée en dehors d'une portion du liquide intérieur, qui a produit les soulèvements des montagnes et les coulées de roches pyroïdes. Elle s'est répétée plusieurs fois, à des époques souvent fort éloignées. C'est encore aux effets de cette poussée intérieure que nous devons les éruptions actuelles des volcans, les tremblements de terre et tous les phénomènes qui s'y rattachent ; enfin, l'existence des sources thermales.

1° Le foyer des sources thermales est à une grande profondeur, puisque les eaux les plus chaudes sont souvent entourées de glaciers ; telles sont celles de Louëch dans les Alpes, celles du Jumnotri et autres sources chaudes des monts Himalaya.

2° Le plus grand nombre d'elles existe dans des contrées qui ont subi autrefois l'action du feu, telles que les Cordillières, les Pyrénées, les montagnes de l'Auvergne, ou qui la subissent encore aujourd'hui, comme celles de Naples et de la Sicile.

3° La recherche de leur composition chimique y a fait découvrir, en général, les carbonates de chaux, de magnésie, de fer; les chlorures de *calcium*, de *sodium*; les sulfates de soude, de chaux, de magnésie; des traces de silice; les gaz qu'elles charrient sont d'ordinaire les gaz carbonique, azote, hydro-sulfurique, c'est-à-dire, les mêmes que dégagent les cratères des volcans en activité.

4° La matière végéto-animale ou glairine, qu'on trouve dans presque toutes les eaux sulfureuses, se rencontre aussi dans les eaux d'Ischia, les vapeurs de Solfatara, de Pouzzole et du Vésuve.

5° J'ajouterai que l'eau chaude obtenue récemment au puits artésien de Grenelle semble confirmer encore cette théorie.

Il est donc vraisemblable que les eaux thermales doivent leur chaleur aux feux souterrains.

Cette hypothèse, adoptée par le célèbre De Laplace, et qui paraît la seule admissible dans l'état actuel de nos connaissances, est confirmée par les observations de Humboldt, Cordier, William Fox, Daubuisson, Debuch, etc.[1]; par la distribution géné-

_____

[1] Pendant un voyage que j'ai fait, il y a quelques années, dans le comté de Cornouailles, je suis descendu dans les mines de *Potalak* et dans celles de *Dolcooth*, dont les galeries sont à plus de mille pieds au-dessous du niveau de l'Océan, et j'ai

rale des eaux chaudes sur toute la surface du globe; enfin, par la rapidité avec laquelle agissent sur un grand nombre d'elles à la fois, les tremblements de terre et les éruptions des volcans.

Voici ce que pense des cavernes calcaires de Cusy, dans les Bauges, et des sables aurifères et gemmifères du Chéran, le célèbre géologue M. le vicomte Héricart de Thury, à l'amitié duquel je dois l'excellente carte qui accompagne cet ouvrage, et la communication du précieux mémoire dont l'analyse suit :

Les hautes montagnes des Bauges, dit-il, qui sont situées entre Chambéry, Aix, Annecy et Saint-Pierred'Albigny sur Isère, sont d'un calcaire compacte appartenant à la partie inférieure de la grande formation des terrains crétacés. Elles forment deux chaînes à peu près parallèles, se dirigeant principalement du nord-nord-est au sud-sud-ouest. Elles semblent, par la rupture de leurs chaînons brusquement séparés, être le résultat d'une révolution qui a occasionné de

constaté que, dans toutes, la température est d'autant plus élevée qu'on s'y enfonce davantage. Aux mines dites *United-mines*, l'eau des travaux inférieurs m'offrit une température de 8° plus élevée que celle de l'atmosphère. Cette eau devait avoir peu perdu de sa chaleur primitive, car elle jaillit avec une grande rapidité et en volume énorme : la force de la machine à feu, employée pour l'élever, est de 308 chevaux, et son cylindre a sept pieds anglais de diamètre.

grands soulèvements et de vastes affaissements qui
ont eux-mêmes produit des crevasses, des abîmes et
des cavernes très-étendues et très-profondes.

Les cavernes de Cusy (ou grottes de Banges) sont
composées de vastes chambres à trois niveaux ou
étages différents, tapissées ou incrustées de grandes
et belles stalactites blanches, grises, jaunes et rou-
geâtres. Dans une de ces chambres du troisième niveau, plus bas de dix ou douze mètres que l'entrée
de la première caverne, se trouve un bassin ou lac
d'eau vive, dont on ne connaît ni la source, ni la profondeur, ni l'épanchement; il est sans poissons et
sujet à des crues qui changent la couleur de l'eau.

Malgré les incrustations d'albâtre jaune très-épais,
qui, en augmentant, menacent de fermer, à la longue,
les ouvertures des divers étages, la roche calcaire est
cependant encore restée à nu dans quelques endroits.
Il semble qu'un puissant agent ait dissous cette masse
calcaire, en laissant saillants, à sa surface, des corps
irréguliers, insolubles.

De toutes les cavernes visitées dans ces régions
alpines, par M. Héricart de Thury, il n'en est point,
ajoute-t-il, celles des eaux d'Aix exceptées, qui lui
aient présenté, d'une manière plus évidente et mieux
caractérisée, les preuves de l'action érosive d'un
grand courant acide qui aurait usé, sillonné les murs

de ces cavernes avec l'action dissolvante la plus puissante, et en même temps avec la force de surgissement la plus impétueuse.

La présence de ces corps insolubles, jointe à celle d'ammonites, de baculites, de trachytes et autres fossiles plus ou moins bien conservés, a conduit M. Héricart de Thury, qui était accompagné, dans son excursion, du savant baron Fourier, alors préfet de l'Isère, à admettre pour vraie cette supposition de Dolomieu, à savoir : celle d'un grand courant ou torrent acide, *qui aurait surgi des entrailles de la terre avec impétuosité, lors du grand tremblement de terre, dont les Bauges présentent des caractères si fortement prononcés dans la dislocation, le bouleversement et le soulèvement de leurs hautes montagnes calcaires.*

L'érosion des parois de ces cavernes, attribuée à l'idée de ce violent courant acide et peut-être bouillant, lui paraît beaucoup plus concluante que la provenance par ces masses calcaires des sables aurifères que charrie le torrent du Chéran, au milieu de la vallée des Bauges, dont le Châtelard est le chef-lieu. Ces sables sont produits par la décomposition des galets, des poudingues et des grès, dont sont formées les roches primordiales gemmifères du Chéran, mais ils ne proviennent point des cavernes de Cusy.

Bien que cette supposition ne laisse aucune chance

pour faire supposer que ces sables auraient été rejetés des entrailles de la terre par l'action volcanique, ainsi que l'avaient conjecturé, dès 1785, De Saussure, et plus tard Dolomieu, il n'en est pas moins vrai, dit M. Héricart de Thury, que l'on peut néanmoins reconnaître quelques effets ou indices de l'action de ces feux souterrains : 1° dans la présence et l'altération de certains blocs de rochers qui se trouvent dans les poudingues primordiaux ; 2° dans certains cristaux vitrifiés qui se trouvent dans les sables gemmifères ; 3° et dans les bois carbonisés qui se trouvent dans les grès micacés.

§ III.

PROPRIÉTÉS CHIMIQUES.

Analyse. — Quand on considère que les eaux thermales sont généralement adoptées comme moyens de guérison, même dans les maladies qui ont résisté à toutes les ressources thérapeutiques, et que les principes médicamenteux y sont en quantité minime, proportionnellement aux effets qu'ils produisent sur nos corps, on est porté à croire que les cures heureuses qu'elles opèrent sont dues moins à la quantité des éléments fixes et volatils contenus dans ces eaux, qu'à un état de combinaison particulier, ou à l'action

de principes qui se sont dérobés jusqu'ici à nos recherches : c'est pourquoi la véritable analyse, celle
qui convient spécialement aux médecins des eaux,
comme l'a remarqué judicieusement Boirot-Desser-
vier, consiste dans l'observation rigoureuse des effets
qu'elles produisent sur l'économie animale.

Le docteur Bertrand, du Mont-Dore , a dit, en
parlant des propriétés des eaux thermales : « Sont-
elles toutes du ressort de la chimie? Le fluide
électrique , le magnétique , le galvanique , la lumière dans tel état , le calorique dans tel autre ,
s'ils n'agissent pas sur leurs principes constituants,
ne concourent-ils pas du moins à l'effet qu'ils produisent, en prédisposant nos corps à les subir? Ces
eaux, ainsi transportées dans nos laboratoires, ne sont-
elles pas dans une condition presque analogue à celle
des fluides extraits de l'économie animale, où l'analyse trouve tout, hormis le principe de vie? » Cette
idée déjà émise par Chaptal, lorsqu'il avouait qu'en
décomposant les eaux minérales *on n'en disséquait
que le cadavre*, sera confirmée par le tableau suivant,
dont les analyses disparates serviront aussi à prouver
le vague et l'incertitude qui doit exister dans la composition des eaux minérales artificielles. D'ailleurs,
toute imitation où l'on n'aura tenu aucun compte de
la *glairine*, cet ingrédient si remarquable, que le pro-

fesseur Dumas a reconnu récemment exister à Aix, *dans un état particulier d'activité moléculaire*, sera nécessairement imparfaite. Elle ne servirait qu'à augmenter le nombre de ces *nymphes bâtardes*, ainsi que les nommait le célèbre Bordeu.

On voit, d'après le tableau ci-joint, que les sources minérales d'Aix forment quatre divisions d'eaux bien distinctes.

1° *Une source sulfureuse thermale*, dite de *Soufre*, de l'espèce des sulfhydriquées d'Anglada.

2° Une autre *source thermale*, dite d'*Alun*, de la classe des *sulfureuses dégénérées ;* le principe sulfureux que ses eaux renferment se détruisant, dans leur cours souterrain, par l'oxygène de l'air qui y circule. Comme elle contient de l'acide carbonique libre, on peut encore la placer parmi les eaux *gazeuses*.

3° Une source sulfureuse froide, dite de *Marlioz*, comprise dans les *sulfureuses sur-sulfhydratées*, parce que l'acide sulfhydrique s'y montre à la fois libre et combiné. C'est à tort qu'on l'a négligée jusqu'ici, cette eau offrant sur les autres l'avantage de pouvoir être transportée sans perdre beaucoup de ses propriétés.

4° Une source *ferrugineuse crénatée*, située à Saint-Simon, près d'Aix, dans laquelle M. Fontan a constaté la présence de l'acide apocrénique.

La source *Fleury* ressemble à l'eau d'alun, sauf

qu'elle exhale parfois une forte odeur d'hydrogène sulfuré.

La source de Soufre est sans contredit la plus importante de toutes, tant par son usage médical que par les phénomènes divers auxquels elle donne naissance. Il faut bien remarquer que l'ingrédient sulfureux s'y trouve tout entier à l'état libre, tandis que presque toutes les eaux sulfureuses analysées jusqu'ici sont minéralisées par un sulfure ou sulfhydrate. C'est en faisant l'étude de ce principe sulfureux dans son mélange avec la vapeur d'eau et en dissolution dans l'eau elle-même, que M. J. Bonjean est parvenu à trouver la solution de plusieurs faits intéressants qu'on n'avait point encore cherché à approfondir. On savait depuis longtemps qu'il se formait de l'acide sulfurique dans beaucoup d'eaux minérales sulfureuses; mais personne n'avait encore démontré, comme il l'a fait, que l'acide sulfhydrique répandu à l'état de gaz dans l'air humide, se convertit en totalité en eau et en acide sulfurique, sans *dépôt de soufre* ni formation préalable d'*acide sulfureux*, et que l'acidification a lieu dans l'air et sans l'intermède des bases; tandis qu'au contraire, lorsque ce gaz est en dissolution dans l'eau, il se décompose au contact de l'air, en *déposant du soufre*. Il a prouvé ensuite, par diverses expériences faites sur la vapeur des eaux de Soufre, en y exposant différents métaux, qu'au milieu même d'un grand excès d'air humide, ces métaux s'emparent du soufre de l'acide sulfhydrique, et empêchent la combustion de ce métalloïde par l'oxygène. Les sulfates de fer et de cuivre, que l'on rencontre dans les diverses parties de l'établissement, proviennent donc de la transformation des *sulfures* en *sulfates,* et non pas de l'action immédiate de l'acide sulfurique; ce que l'on avait toujours pensé [1].

La source de Soufre se distingue encore des trois autres par la présence d'un iodure et d'une assez grande quantité de glairine qui se manifeste, au contact de l'air, à son arrivée dans les douches. Lorsque cette eau se trouve altérée par les pluies ou la fonte des neiges, la glairine est remplacée par une autre substance analogue, appelée par M. Bonjean *glairidine*. Un fait remarquable, c'est que l'eau de Soufre, la glairidine et la *boue d'alun* renferment une combinaison d'iode, tandis que la glairine et l'eau d'Alun elle-même n'en contiennent pas. Enfin, les eaux de Soufre, d'Alun et de la fontaine Fleury contiennent du sulfate de fer, du phosphate de chaux et du

[1] Profitant des conseils de M. le professeur Dumas, je suis parvenu à neutraliser l'action corrosive de cet acide sur la pierre calcaire, le bois et les métaux employés dans notre établissement thermal, en les enduisant d'une peinture au lait, ayant pour base le blanc de zinc et le sulfate de baryte, et en recouvrant cet enduit d'une couche d'huile de lin siccative.

fluorure de calcium. Celles de Soufre et d'Alun seules renferment du carbonate de strontiane. M. le docteur Fontan range les eaux de Soufre et d'Alun parmi celles qu'il a nommées eaux sulfureuses accidentelles.

Selon lui, ces eaux contiennent leur principe sulfureux à l'état de sulfure de calcium, ce qu'il a cherché à prouver par les faits suivants. 1° Lorsqu'on fait bouillir ces eaux trois quarts d'heure, à vase clos, sans aucune communication avec l'air extérieur, il ne se dégage qu'une très-faible portion du principe sulfureux ; la plus grande partie reste dans la liqueur. 2° Lorsqu'on traite par l'acide arsénieux, l'eau reste complétement incolore, tant que cet acide existe seul ; mais si l'on ajoute une goutte d'acide nitrique ou d'acide hydrochlorique, l'eau se colore aussitôt en jaune serin, d'autant moins intense que le principe sulfureux y est moins abondant.

D'un autre côté, M. le professeur Berthier, inspecteur général des mines de France, membre de l'Institut, etc., s'est aussi occupé de nos eaux. L'efflorescence saline spontanée qui se trouve au fond de la grotte des eaux de Soufre a fixé son attention d'une manière toute spéciale : et voici la note qu'il a insérée, à ce sujet, dans la troisième livraison des *Annales des mines* de l'année 1837.

« Cette substance vient de la grotte canaliculaire

d'où sort la source d'eau minérale dite de Soufre.
Elle se trouve sur les parois, un peu au-dessus du
niveau de l'eau. La grotte est ouverte dans une masse
de calcaire argileux et pyriteux.

« La matière saline est en petites masses formées
d'aiguilles blanches, juxta-posées, molles et flexibles
comme de l'amiante. Lorsqu'on les laisse exposées à
l'air, elles deviennent assez promptement d'un jaune
d'ocre pâle à la surface, tandis qu'elles restent blanches à l'intérieur. Quand on fond cette matière, elle
se fond facilement dans son eau de cristallisation,
bouillonne, se dessèche ; et, à la chaleur blanche, elle
se change en une masse terreuse d'un jaune pâle, en
laissant dégager de l'acide sulfureux et de l'acide sulfurique. Elle se dissout complétement dans l'eau ;
mais la liqueur est un peu louche, quand les morceaux
dissous ont été altérés à la surface. L'analyse a donné :

Alumine	0,100	prenant acide sulfurique	0,233
Magnésie	0,020		0,077
Protoxyde de fer	0,020		0,045
Acide sulfurique	0,463		
TOTAL	0,603		0,355

C'est donc un sulfate triple, composé comme suit :

Sulfate d'alumine	0,333	15 at.	3 at.
Sulfate de magnésie	0,117	15	3
Sulfate de fer	0,085	10	2
Eau de cristallisation	0,465	415 at.	85
TOTAL	1,000		

« Les sels combinés renferment chacun la même quantité d'eau de cristallisation qu'à l'état libre, car on trouve que, dans cette supposition, cette quantité serait de 0,435.

« Cette substance est analogue à l'*alun de plume ;* elle provient en partie de la réaction des pyrites en efflorescence sur la roche calcaire et argileuse qui sert de gangue à celle-ci ; mais, comme on est certain maintenant que le gaz hydrogène sulfuré qui se dégage de l'eau minérale se transforme en acide sulfurique en se répandant dans l'air, on doit admettre que cet acide contribue pour beaucoup à sa production. Les parties des parois de la grotte qui sont formées de pierre calcaire, à peu près pure, sont recouvertes d'une croûte souvent assez épaisse de sulfate de chaux saccharoïde, d'un beau blanc, et dans lequel on ne trouve aucune trace d'autres sulfates. »

La roche des cavernes *Saint-Paul* n'est pas pyriteuse comme celle de la grotte des eaux de Soufre ; M. Bonjean l'a trouvée formée de :

Silicate d'alumine,	0,010
Carbonate de magnésie,	0,014
Peroxyde de fer,	0,015
Carbonate de chaux,	0,961

Voici au surplus l'analyse des Eaux d'Aix, faite tout

8.

récemment par M. BONJEAN, pharmacien-chimiste à Chambéry, secrétaire de l'Académie royale de Savoie. L'analyse seule de l'eau de Saint-Simon est de M. Saint-Martin.

SUBSTANCES CONTENUES DANS 1,000 GRAMMES D'EAU.	SOURCES DE			
	SOUFRE (1838)	ALUN. (1838)	S-SIMON (1)	MARLIOZ (1850)
Azote......................	0,03204	0,08010	traces.	0,012
Acide carbonique libre.......	0,02578	0,01334	0,00338	0,009
— sulfhydrique libre.......	0,04140	»	»	0,010
Oxygène....................	»	0,01840	»	»
Acide silicique..............	0,00500	0,00430	»	0,006
Sulfure de sodium cristall. ...	»	»	»	0,204
Carbonate de chaux..........	0,14850	0,18100	0,00592	0,186
— de magnésie......	0,02587	0,01980	»	0,012
— de soude cristall..	»	»	»	0,099
— de fer............	0,00886	0,01936	0,00169	0,013
— de manganèse....	»	»	»	0,001
— de strontiane......	traces	traces.	»	»
Sulfate de soude cristall......	0,09602	0.04240	»	0,043
— d'alumine............	0,05480	0,06200	»	»
— de magnésie cristall..	0,03527	0,03100	»	0,028
— de chaux............	0,01600	0,01500	0,00127	0,002
— de fer cristall.........	traces.	traces.	»	0,010
Chlorure de sodium..........	0,00798	0,01400	»	0,018
— de magnésium cris.	0,01721	0,02200	»	0,019
— de calcium.........	»	»	0,00127	»
Phosphate de chaux.......... ⎫				
— d'alumine......... ⎬	0,00049	0,00260	»	»
Fluorure de calcium.......... ⎭				
Iodure de potassium.......... ⎫				
Bromure de potassium....... ⎬	qté ind.	qté ind.	»	qté ind.
Glairine.................... ⎭				
Acide apocrénique...........	»	»	traces.	»
Perte......................	0,01200	0,00724	»	0,017
TOTAL......	0,43000	0,41070	0,01353	0,429
TEMPÉRATURE THERM. R.....	36°	37°	12°	14°

§ IV.

PROPRIETÉS MÉDICALES.

Pour traiter cet article *ex professo*, il faudrait réunir un grand nombre d'histoires de maladies, entrer dans tous leurs détails et les faire suivre de considérations pratiques étendues, ce qui m'entraînerait loin des limites de cet ouvrage. Je m'attacherai donc seulement ici à examiner le mode d'action des eaux d'Aix sur l'économie, et à énumérer les affections qui ont été traitées avec succès par elles ; j'y ajouterai enfin quelques observations pratiques, propres à diriger le médecin et le malade dans leur emploi.

De l'action des eaux en général.

L'action de nos eaux sulfureuses sur l'homme à l'état de santé, de même que sur l'homme malade, est excitante dès qu'on administre ces eaux à une température plus élevée que celle de la chaleur animale. A l'intérieur, elles stimulent la membrane qui tapisse les voies digestives ; et, suivant qu'elles sont plus ou moins digérées, elles augmentent l'appétit ou déterminent l'inappétence, la constipation ou la diarrhée. Prises à l'extérieur, elles accélèrent le pouls, donnent une sorte de fièvre, de l'agitation et finissent par amener de la chaleur à la peau, quelquefois suivie d'une

abondante sueur et quelquefois d'un écoulement considérable d'urines. Ce sont ces évacuations mêmes qui
servent de crises et amènent la guérison dans un
grand nombre de maladies chroniques.

Cependant, quoique cette méthode soit la plus générale, et que l'art de *doser l'excitation minérale* ait
fait dès longtemps à Aix des progrès réels, l'expérience a appris récemment à modifier tellement les
eaux, qu'il en est résulté un mode de traitement mul-
tiple qu'on varie suivant les cas. Moyennant ces addi-
tions utiles, qui se perfectionnent chaque année, on
peut réduire à trois les espèces de médications sui-
vies actuellement dans nos Thermes.

1° La *médication excitante*, au moyen des douches,
des étuves et des bains chauds.

2° La *médication déprimante*, par les affusions tièdes
et les bains d'une température au-dessous de la chaleur du sang, longtemps prolongés.

3° La *médication perturbatrice*, au moyen de la
douche écossaise, alternativement chaude et froide.

Ces trois manières d'agir ont toujours pour but de
répartir les mouvements organiques d'une manière
uniforme et générale; une détente est produite dans
la partie où la vitalité se trouvait accumulée, et l'équilibre est rétabli.

En recommandant ces eaux dans un grand nombre

de maladies chroniques, nous sommes loin cependant de dire qu'on en puisse user indifféremment. Ce remède n'est pas innocent, comme le pensent quelques personnes qui n'ont jamais visité nos sources minérales ou qui les ont mal étudiées. En effet, on a vu souvent des individus qui, ayant voulu essayer des douches ou des étuves d'Aix, sans être malades, se sont donné des maux qu'ils n'auraient jamais eus. D'un autre côté, il ne se passe pas d'année que de véritables malades n'aggravent considérablement leur état, en voulant modifier à leur gré le traitement qui leur a été prescrit, ou bien en suivant l'avis des doucheurs ou des doucheuses, que conduit une aveugle routine.

Ce sont des considérations de ce genre et bien d'autres encore qui ont fait dire avec justesse que *les bons médecins faisaient les bonnes eaux*.

Malgré les considérations qui précèdent, et afin qu'on puisse se former une idée plus juste de leur manière d'agir, j'indiquerai : 1° leur action physiologique sur les divers organes et leurs principales fonctions ; 2° leur influence sur l'économie, d'après l'âge, le sexe et le tempérament.

Du mode d'action des eaux sur les divers organes et leurs principales fonctions.

Action des eaux sur les organes de la digestion.

L'eau d'Alun, aussi bien que l'eau de Soufre, prises en boisson, dans les proportions convenables, stimulent doucement les voies digestives. Toutes deux provoquent dans l'estomac une sensation agréable de chaleur, et n'excitent pas de vomissements. Il est rare qu'elles pèsent ou qu'elles occasionnent des renvois. L'augmentation d'appétit est un des premiers effets qu'elles produisent. Il n'est pas rare de voir réveiller la sensation de la faim chez des personnes qui, depuis longtemps, l'avaient perdue. Elles augmentent la sécrétion de la bile, qui circule plus librement, et dont l'action se manifeste bientôt par une plus grande énergie dans les fonctions digestives. Ces eaux, de même que celles de Saint-Simon, ne jouissent de propriétés laxatives que lorsqu'on leur donne une action mécanique, en les administrant à forte dose. Bues en grande quantité, elles augmentent la sécrétion urinaire ; de là vient qu'elles soulagent les malades atteints de la gravelle, en leur faisant rendre une portion souvent considérable de graviers. (On peut voir au musée pathologique, que j'ai formé dans l'Établissement thermal, plusieurs concrétions semblàbles, rendues par des malades qui buvaient nos eaux.) Quant à la manière d'agir de la source de Saint-Simon, dont on retire tant d'avantages dans la chlorose, l'anémie, les gastrites chroniques et gastralgies, la leucorrhée, étc., elle m'a toujours paru plus tonique et moins stimulante que les eaux de Soufre et d'Alun. Il est aussi une circonstance dont il faut tenir compte dans son action, c'est que se trouvant placée à vingt minutes de la ville, elle devient pour les malades le but d'une excursion matinale à la fois agréable et utile.

Ainsi que l'a prouvé l'analyse, ces trois espèces d'eau ne contiennent qu'une très-petite portion de sels et de particules minérales : aussi faut-il se rappeler qu'on doit en faire usage longtemps, pour comprendre la raison de leur efficacité médicinale. C'est vraisemblablement dans cette impression lente, mais souvent répétée, que consiste une partie de leur puissance curative dans les modifications morbides qu'elles sont appelées à guérir d'une manière douce et sans secousse.

Action des eaux sur l'enveloppe cutanée.

Les deux sources de Soufre et d'Alun, sous quelque forme qu'on les prenne, et pourvu que leur température ne soit pas au-dessous de 26 degrés Réaumur, augmentent la calorification de la peau, ouvrent les pores et provoquent la transpiration.

Si ce mouvement du centre à la circonférence est entretenu plusieurs jours, et qu'on prenne des bains de plus en plus prolongés, ainsi qu'on le pratique à Louësch, la peau devient le siége d'une éruption, à laquelle on a donné le nom de *poussée*, dont il sera question plus tard.

Il est rare qu'on puisse supporter au premier contact la chaleur naturelle de nos eaux. Les personnes nerveuses et irritables étant plus que les autres sujettes à ressentir cet effet, il existe pour elles des bains et des douches mitigées qui leur permettent de prendre ces mêmes eaux sans inconvénient.

La transpiration, qui s'établit surtout lorsque, après la douche, on a soin de se couvrir chaudement, et qu'on boit en même temps quelques verrées d'eau thermale, tend à assouplir la peau, à la rendre plus perméable et la transforme tout entière en une sorte de *crible vivant*, par où s'éliminent les principes d'une infinité de maladies. D'autre part, le bain chaud, la douche et l'étuve, en faisant affluer à la peau une quantité plus considérable de sang et de liquides, en débarrassent les viscères et les organes intérieurs, et produisent une révulsion à la fois mécanique et vitale.

Action des eaux sur les organes respiratoires.

L'excitation produite par l'usage des eaux d'Aix, prises en boisson et en douche, ne se borne pas seulement à l'organe cutané, elle porte encore son action sur la membrane pulmonaire, qui devient le siége d'une exhalation plus active.

Les bains de vapeur surtout paraissent favoriser singulièrement l'expectoration ; de là vient qu'on les emploie avec avantage chez les personnes atteintes de catarrhe chronique.

On ne peut s'empêcher d'attribuer d'ailleurs à l'action sédative des gaz que renferment les eaux, et notamment à celle du gaz azote, les effets calmants qu'elles produisent chez certains asthmatiques, mais principalement dans un grand nombre d'irritations de la gorge, qui menaçaient de dégénérer en phthisie laryngée.

Nous avons vu ainsi des artistes chanteurs recouvrer à Aix l'usage de la voix, après avoir vainement tenté toute autre espèce de remèdes. Il n'est pas douteux que les eaux d'Aix, étant astringèntes, ne puissent agir encore, dans ce cas, à la manière du gargarisme de Bennati.

Action des eaux sur la circulation.

On ne peut douter que la portion d'eau absorbée dans les systèmes artériel, veineux et capillaire, n'agisse, à son tour, comme excitant du cœur et des vaisseaux sanguins. Cette action est si évidente qu'elle se manifeste au bout de peu de jours, par une excitabilité plus grande. Un sentiment de chaleur insolite à la peau et surtout aux extrémités, chez ceux qui les avaient ordinairement froides, se fait sentir, les urires deviennent plus chargées ; quelquefois même il y a malaise général, échauffement, insomnie ; et ces symptômes prennent assez d'intensité pour former un véritable accès fébrile. Cet état, loin d'être alarmant, est presque toujours d'un bon augure, il fait présager une guérison prochaine. Voici comment on explique cet effet curatif.

L'ébranlement général, communiqué à l'ensemble de l'économie par cet accès, se fait aussi sentir dans la partie souffrante ; il change le mode de vitalité de l'organe malade, et modifie la composition matérielle de ses éléments. Des sucs qui auparavant embarrassaient le jeu des parties, rentrent dans le torrent de la circulation et vont se déposer à la peau chargée de les éliminer.

On conçoit, d'après ce qui précède, de quelle utilité nos eaux doivent être dans le traitement des maladies provenant de la stagnation du sang dans les veines ou d'une altération de la lymphe.

Action des eaux sur la nutrition.

Quant aux organes destinés à l'assimilation, les eaux n'agissent pas de la même manière chez tous les individus ; il est des personnes qu'elles semblent faire maigrir, et d'autres auxquelles elles donnent de l'embonpoint. Aux premières se rapportent celles dont la fibre est molle et chez qui la corpulence tient à un relâchement du tissu cellulaire qui admet un plus grand nombre de particules graisseuses que dans l'état normal.

Les personnes, au contraire, auxquelles les eaux donnent de la corpulence, sont celles qui, quoique douées d'une bonne constitution, se sont émaciées par l'effet de la douleur ou par la faiblesse des vaisseaux qui transmettent les sucs nourriciers jusque dans leurs dernières ramifications.

Dans ces deux cas, les eaux, en redonnant aux organes les forces qui leur manquaient pour accomplir plus parfaitement l'acte de la nutrition, n'agissent pas toujours d'une manière prompte. Ce n'est que deux ou trois mois après leur usage que surviennent les changements que je viens de signaler.

Action des eaux sur les organes de la reproduction.

Des observations qui datent de temps immémorial ont appris que les eaux d'Aix, prises en boisson, en bains et en douches générales ou locales, stimulent et fortifient les organes générateurs. Rien ne prouve mieux cette action que leur efficacité bien reconnue dans la leucorrhée et le catarrhe de la muqueuse uré- trale. Je pourrais en outre citer bon nombre de jeunes femmes stériles que nos eaux ont rendues fécondes, en faisant disparaître la faiblesse ou les engorgements de l'appareil utérin. Un autre fait qui vient à l'appui des précédents, c'est qu'il est peu de femmes qui, pendant la cure d'eau thermale, n'aient leurs épo- ques menstruelles avancées de quelques jours ; ces évacuations périodiques sont aussi en général plus abondantes et accompagnées de moins de malaise et de douleur.

Action des eaux sur le système nerveux
et de leur effet moral.

Après avoir indiqué quel était l'effet des eaux sur la digestion, la circulation, la respiration, l'organe cutané, etc., il nous resterait à dire comment elles agissent sur le cerveau, la moelle épinière et les dé- pendances du système cérébro-spinal dont l'ensemble régit toute l'économie ; mais la crainte de n'avancer

que des hypothèses hasardées fait que je n'essayerai
pas de soulever ici le voile épais dont sont encore
enveloppées les fonctions du système nerveux. Je
me bornerai à dire que les eaux tendent à augmenter
sa vitalité, et que, si elles ont obtenu du succès dans
les paralysies, suites d'épanchement, c'est probablement en augmentant le travail de l'absorption, en
détruisant des gonflements, des endurcissements,
des compressions ou des collections de sérosités dans
la gaîne vertébrale, les cavités des hémisphères cé-
rébraux, etc.

Quant aux affections spasmodiques et aux paralysies qui existent sans lésions organiques, c'est vraisemblablement en rétablissant l'équilibre et le cours
ordinaire de l'innervation qu'elles agissent si favora-
blement. (L'on peut consulter à ce sujet les observations de médecine pratique de mon père, et le *Bul-
letin des eaux*, publié par moi en 1835 et 1838.)

En examinant les effets physiques des eaux sur nos
organes, il est nécessaire aussi de tenir compte des
dispositions heureuses qu'une cure d'eau minérale
ne peut manquer de faire naître sur le moral des malades. Le changement d'air, d'habitudes, de régime,
l'aspect d'une nature nouvelle, l'éloignement des affaires et souvent des causes qui ont déterminé l'affection, tout, dans ces circonstances, semble aider l'ac-

tion thérapeutique des eaux, et mettre l'esprit dans des conditions favorables à la guérison.

De l'influence des eaux sur l'économie d'après l'âge, le sexe et le tempérament.

De l'influence des eaux d'après l'âge.

Le bain tiède, qui est la forme la plus simple d'administrer les eaux, convient en général à tous les âges, puisqu'il favorise l'exhalation cutanée, sans ébranler l'économie.

L'extrême mollesse qui caractérise l'organisation de l'enfance, la perméabilité extraordinaire de la peau, jointe à la faiblesse propre à cette période de la vie, doivent rendre plus circonspect à son égard et n'exiger que des bains de courte durée. Aussi voyons-nous les enfants s'ennuyer bientôt dans un bain, à moins qu'ils ne puissent y jouer et s'y distraire par le mouvement.

Pour eux, les bains de piscine, dont l'action tonique est encore favorisée par l'exercice, sont préférables à tous les autres. On doit être circonspect à leur égard dans l'usage de la douche et surtout de l'étuve. L'adulte est celui qui supporte le mieux l'usage de ces moyens, sans crainte de s'affaiblir ; mais c'est surtout dans l'adolescence et la virilité que les eaux peuvent être prises sous toutes les formes, pourvu que la maladie n'ait pas réduit les individus à un trop grand état de faiblesse, condition dans laquelle il y aurait danger évident.

Nos bains chauds, mais de courte durée, sont surtout utiles aux vieillards, d'après ce précepte de Philostrate, *senectæ hominum balnea calida,* etc., parce qu'ils préviennent, chez eux, des révulsions funestes vers les organes intérieurs, facilitent le jeu des articulations et s'opposent aux maladies de la peau, si fréquentes à cet âge, surtout lorsqu'on a soin de les accompagner des frictions et du massage. Galien, en traitant du régime des vieillards, cite l'exemple de *Telephus* le grammairien, qui parvint à l'âge le plus avancé, « parce qu'il se baignait deux fois par mois en hiver, quatre fois pendant l'été, trois fois dans les saisons intermédiaires, et que ces bains étaient accompagnés d'onctions et de frictions d'une durée médiocre. »

Il est prudent de n'employer pour les vieillards que des douches très-mitigées et des bains de vapeur autant que possible par encaissement, afin de prévenir toute congestion au cerveau. Quant à la douche écossaise, on conçoit que l'endurcissement des tissus, le peu de perméabilité de la peau, la tendance au ramollissement de la masse cérébrale, sont trop grands à cet âge, pour que l'affusion froide prolongée ne leur soit pas plus ou moins contraire.

De l'influence des eaux d'après le sexe.

La constitution particulière et relativement plus faible des femmes exige qu'on emploie pour elles des excitants moins énergiques. Tous les organes et toutes les fonctions sont facilement activées, la mobilité nerveuse prédomine ; aussi doit-on mettre beaucoup de circonspection dans l'usage des bains, des étuves et surtout des douches. Leur durée sera plus courte que pour les hommes, et ils seront pris à des intervalles moins rapprochés.

Elles feront bien de ne s'exposer aux douches et spécialement à celles d'Enfer ou de la division centrale de l'Etablissement que quelques jours après et plusieurs jours avant la période menstruelle. Pendant cette époque, il ne convient pas qu'elles se baignent dans l'eau minérale même tiède, car il pourrait en résulter une suppression dangereuse, et elles s'exposeraient aux maladies graves qui en sont habituellement la suite. La boisson des eaux seule leur est permise alors, pourvu qu'elles en diminuent la dose habituelle.

Elles devront s'abstenir, surtout pendant les deux premiers mois de la grossesse, de toute espèce de douches ou de bains d'eau minérale.

Les femmes ayant une sensibilité plus exquise et des tissus plus lâches que les hommes, les bains de piscine paraissent leur convenir de préférence, à rai-

son des actes locomoteurs auxquels elles peuvent s'y
livrer. Ceci s'applique plus particulièrement encore
aux jeunes personnes, condamnées trop souvent, dans
leur enfance, à une inaction qui favorise la débilité
musculaire et la disposition lymphatique et nerveuse,
sources des nombreuses maladies du système osseux.

De l'influence des eaux d'après le tempérament.

L'expérience prouve que les eaux d'Aix conviennent spécialement aux sujets dont les tissus sont lâches et mous, dont les chairs sont pâles, étiolées, dont
la peau est décolorée et flétrie, et qui sont doués d'un
tempérament lymphatique. Par l'usage des bains des
eaux de Soufre et d'Alun, puis des douches graduées,
ils acquièrent bientôt une énergie inaccoutumée; la
peau devient plus rouge, mieux nourrie, plus colo-
rée, pour ainsi dire plus vivante, ce qui réagit sur
tout le reste de l'économie.

Les autres variétés de tempéraments peuvent aussi,
suivant les maladies dont les individus sont atteints,
retirer de grands avantages des eaux d'Aix.

Les personnes à tempérament sanguin ont besoin
de plus de ménagement, surtout dans l'emploi des
douches; car les eaux favorisent chez elles la tendance aux inflammations, et j'ai souvent remarqué
que le sang devenait plus couenneux et contenait par
conséquent plus de fibrine, sous l'influence de cette

médication. Cette observation m'a paru offrir quelque intérêt après les curieux et récents travaux de MM. Andral, Dumas et Gavarret, sur les variations que peut subir la composition du sang.

Les personnes à tempérament bilieux sont plus sujettes que les autres à ressentir des dérangements dans les fonctions digestives, pendant qu'elles font usage des eaux. Elles ne tardent pas, en général, à avoir la bouche amère, à éprouver de l'inappétence pour les aliments; mais ces symptômes ne doivent en aucune manière alarmer; ils se dissipent le plus souvent par le repos, et en faisant usage d'une tisane amère rendue légèrement laxative.

Les personnes à tempérament nerveux ont besoin de plus de circonspection encore que les autres, dans l'emploi des eaux. Leur manière de sentir varie tellement, qu'il serait difficile de tracer ici une règle générale de traitement. Le plus souvent, on est obligé d'employer pour elles un traitement mixte, c'est-à-dire, tantôt tempérant par les bains tièdes et amidonnés, tantôt perturbateur au moyen de la douche écossaise. Les aspersions froides m'ont paru quelquefois utiles pour elles, lorsqu'elles étaient plongées dans le bain chaud, et j'ai connu des malades très-nerveux à qui la piscine faisait le plus grand bien, mais qui ne pouvaient la supporter sans cette précaution.

Maladies traitées par les eaux.

Voici l'indication des maladies dans lesquelles les eaux d'Aix sont généralement employées, ainsi que les ont classées mon père et mon aïeul, d'après leur affluence dans notre Établissement. Cette classification est basée sur une expérience de près de cent années.

1° Le rhumatisme.

2° Les maladies de la peau.

3° Les affections scrofuleuses ou lymphatiques.

4° Les maladies chroniques des os.

5° Les syphilides.

6° Les paralysies.

7° Les affections nerveuses proprement dites.

8° Les maladies anomales provenant d'un état général de faiblesse ou d'énervation.

Voici, sur chacune d'elles, le résultat de notre expérience.

I. Le *rhumatisme musculaire* est une maladie trop commune, pour que je doive m'y arrêter longtemps. Mais parmi les rhumatismes articulaires, il en est une espèce tellement spécialisée par sa forme et ses symptômes, que je ne puis m'empêcher d'en dire quelques mots. Cette variété de rhumatisme, qu'on pourrait appeler *rhumatisme articulaire gommeux*, affecte généralement les individus lymphatiques et ceux qui habitent les lieux bas et humides. Les Anglais et les Hollandais en sont fréquemment atteints. Il est caractérisé par un gonflement *blanc* des articulations, une tuméfaction spongieuse qui crépite même quelquefois sous la pression, comme de la gelée épaisse. Cet état est peu douloureux au toucher; mais il ne rend pas moins les membres impotents, tant par l'effet de la dilatation des cartilages, que par l'écartement des espaces interosseux ; c'est une espèce de *diastasis* spontanée, qui altère constamment les rapports des surfaces articulaires entre elles.

Nos douches en arrosoir avec la plus forte pression (27 pieds), des liniments alcalins, et des pommades iodurées administrées sous l'influence des bains de vapeur, qui en rendent l'action plus pénétrante, une compression sagement mesurée et rendue constante par l'application de bandes de flanelle, forment l'ensemble ordinaire d'un traitement dont l'avantage nous est confirmé par de nombreux succès.

Dans le rhumatisme articulaire et la goutte chronique, qui ont entre eux tant d'affinité, il ne faut recourir aux eaux d'Aix qu'à une époque fort éloignée de l'état aigu. On peut toujours, dans ces cas, espérer du soulagement et l'éloignement des accès, mais rarement une guérison complète.

Lorsqu'il existe des rétractions tendineuses, suite de rhumatisme ou autres causes, nous employons

avec avantage, outre la douche, des appareils variés,
mais fort simples, destinés à agir en sens inverse de
la rétraction. (On peut en voir des modèles dans le
Musée pathologique de l'Établissement.)

II. Les *maladies de la peau*, si nombreuses, si variées
et presque toujours si rebelles, forment la seconde
catégorie des maux pour lesquels on accourt à nos
bains. Les eaux d'Aix sont ici employées sous toutes
les formes et avec le plus grand succès, en boisson,
en étuves, en bains et en douches. Ces moyens ne
suffisent pas toujours ; souvent il faut y joindre des
auxiliaires ; et, selon l'âge des malades, leur constitution, la violence et la chronicité du mal, le médecin
est obligé de recourir à des dépuratifs intérieurs, ou à
des moyens externes qui rendent la peau plus impres-
sionnable à l'action des eaux. Dans ce but, nous avons
fréquemment fait entrer, mon père et moi, l'usage de
l'électricité, pour le traitement des dartres et de certaines éphélides. Cette médication, combinée avec
l'action des eaux, est nouvelle ; car nous n'en trou-
vons aucune trace dans Nairne, dans Berthollon, ni
dans les auteurs modernes qui ont traité du fluide électrique comme moyen curatif ; c'est pourquoi je me
plais à la signaler ici, pour encourager mes collègues
à faire de nouveaux essais.

Les maladies de la peau dans lesquelles on obtient

presque toujours du soulagement sont les suivantes :
les croûtes laiteuses ou *porrigo; lichen simplex*, *pru-
rigo mitis, pemphigus chronique, psoriasis, pytiriasis,
gale invétérée, eczéma chronique, impetigo*. En général,
les dartres pustuleuses sont celles qui guérissent le
mieux par les eaux d'Aix. Biett les ordonnait de préférence aux individus mous et lymphatiques, et il avait
raison.

III. Les *affections scrofuleuses* affluent à Aix de plus
en plus, chaque année. Ici cependant, comme dans
la plupart des maladies invétérées, il est rare que les
eaux guérissent *toutes seules*. Le régime, un panse-
ment méthodique, la cautérisation, sont souvent de
bons auxiliaires ; souvent aussi nous devons y ajouter
des pommades iodurées, le massage, une compression
graduée, etc. D'autres fois, particulièrement quand les
malades se trouvent à l'une de ces époques heureuses
appelées *climatériques*, où la nature n'a besoin, pour
agir toute seule, que d'être mise en position de le
faire, rien ne nous réussit mieux que les bains de natation. L'art seconde alors puissamment les efforts de
la nature, il la soutient, et elle opère facilement le
mouvement organique universel que Bordeu appelait,
d'une manière si juste, un *remontement général de
l'économie*, qui produit quelquefois de vrais miracles
de guérison.

Les maladies lymphatiques, de même que les affections tuberculeuses, reconnaissent pour causes l'inaction musculaire, les habitudes sédentaires du luxe, l'excès des travaux qui ne mettent en jeu qu'une classe de muscles, en un mot, toutes celles qui affaiblissent, énervent et disposent à la phthisie.

Les bains de natation, dans un milieu aussi tonique qu'est l'eau de nos piscines, en redonnant de la force à tout l'organisme, s'opposent efficacement à ces causes, en même temps qu'ils sont un puissant secours pour combattre la prédisposition aux affections tuburculeuses pulmonaires. Leur avantage est d'autant plus marqué qu'ils aident puissamment au développement de la cavité de la poitrine, dans laquelle se trouve l'organe essentiel qui devient plus souvent le siége des tubercules.

Quant aux tumeurs scrofuleuses, il est rare de les voir se résoudre complétement par le seul usage des eaux.

IV. Les maladies des *os* et des *articulations* sont peut-être celles où nos méthodes thermo-thérapeutiques ont fait faire le plus de progrès à l'art médical. Sans parler des accidents qui suivent les foulures, les fractures, les luxations, pour lesquels, depuis longtemps, on a reconnu l'efficacité de nos eaux, je signalerai d'abord les cas les plus graves des affections osseuses, c'est-à-dire, les luxations spontanées, les tumeurs blanches, la nécrose et la carie. Voici ce qu'écrivait à mon père un médecin de Neufchâtel, le docteur De Castella, placé à la tête de l'hôpital Pourtalès, en lui parlant de deux malades à qui l'on devait amputer le bras pour une carie du coude, qui avait eu pour principe une tumeur blanche dégénérée. « Vos eaux ont fait un vrai miracle chez Mlle B., dont le bras est tout à fait guéri. Je ne pouvais pas en croire mes yeux, quand je l'ai revue; plus de carie, plus de fistules, plus d'ulcères. Une demi-ankylose, belle et bonne, remplace ces maux qui, à mon avis, ne pouvaient céder à aucun traitement et exigeaient nécessairement l'amputation du bras. Recevez, mon cher confrère, mon compliment bien sincère de cette belle cure… Désormais on n'osera plus tenter d'amputation avant d'avoir essayé l'efficacité des eaux d'Aix, pour ces sortes de maux, et vos bons soins… Voilà trois cas de guérison bien remarquables que j'ai vu opérer par vous : une fille de B.., avec tumeur blanche ulcérée au genou, la femme D… et Mlle B… » (Deux de ces cas se trouvent représentés en cire au Musée pathologique de l'Établissement.)

Un autre cas non moins remarquable est celui du docteur Bremont, du Pont-Saint-Esprit, resté impotent à la suite d'une luxation du fémur.

M. Bremont, âgé de cinquante ans et d'une forte

constitution, montait un cheval rétif qu'il voulut dompter. Le cheval se cabra, le cavalier glissa sur sa croupe, et dans cet instant l'animal tomba de tout son poids sur M. Bremont. Le choc fut violent ; la cuisse droite, portant à faux, fut déboîtée, et la jambe se raccourcit bientôt de plusieurs pouces. Ce ne fut que vingt-cinq jours après l'accident que la tête du fémur put être remise dans sa cavité. Il dut résulter de nombreux accidents de cet état de choses ; mais enfin, la période d'irritation passée, vint celle d'amaigrissement, de faiblesse et d'impotence. M. Bremont arriva à Aix trois mois environ après l'accident ; il ne pouvait faire alors aucun mouvement de progression sans aide, ni se tenir debout sans appui... Dix douches le mirent sur pied ; vingt douches lui permirent de quitter une de ses béquilles et de se promener avec l'autre dans son appartement. Trente douches ont suffi pour lui permettre de les quitter toutes deux, et, dès le mois suivant, il a pu reprendre son service médical au Pont-Saint-Esprit, ne conservant plus de son accident qu'une légère claudication.

Les entorses, les fausses ankyloses, les sinus fistuleux avec carie des os, ainsi que les exostoses vénériennes et autres, guérissent à Aix ; mais il faut souvent plusieurs mois pour y parvenir.

Dans les *plaies d'armes à feu,* l'action des eaux est

9.

beaucoup plus prompte, l'élimination des corps étrangers et des esquilles commence dès les premiers bains. Semblables à celles de Barèges, elles favorisent la formation des cicatrices, et fortifient celles qui, tendres encore, ont besoin d'être raffermies.

V. J'appellerai ici *syphilides* toutes les affections dans lesquelles le virus vénérien joue un rôle, quels qu'en soient la *forme*, l'*aspect* et les *complications*. Il existe, au sujet de ces maladies, un préjugé contre nos eaux, et il importe d'autant plus de le détruire, qu'il éloigne des établissements thermaux bien des personnes pour la guérison desquelles l'usage des eaux sulfureuses est un auxiliaire *indispensable*.

Je ne m'occuperai pas ici de discuter les opinions des auteurs sur la nature de ce mal et sur les modifications que peuvent y apporter les diverses complications dont il est susceptible ; les discussions sont oiseuses quand les faits parlent ; mais, en résumant les résultats de mon expérience et de celle de mon père qui, le premier, a fait marcher ensemble, pour ce genre de traitement, les bains, les étuves, la boisson des eaux et les diverses préparations mercurielles, j'affirmerai avec certitude, que nous guérissons à Aix presque *toutes* les affections chroniques de ce genre, quelles que soient leur forme et leur intensité, quand on veut apporter à la

cure le temps et la persévérance convenables.
J'ajouterai de plus, comme un point fort important de
pratique, *qu'il ne faut jamais interrompre* un traitement commencé, dès qu'il agit sur le mal d'une manière manifeste ; en effet, si l'on vient à interrompre
intempestivement la marche progressive du mieux,
nous observons qu'il faut toujours, quand on reprend
la cure, un temps beaucoup plus long pour obtenir
les mêmes résultats.

Les syphilides qui affectent les formes tuberculeuses et squammeuses sont celles qui m'ont paru guérir
à Aix le plus promptement. Dans les formes les plus
singulières et les plus voilées des maladies vénériennes, et lorsqu'on ne saurait que les soupçonner,
les eaux les développent et permettent de les traiter
ensuite efficacement. Dans ce genre d'affection, de
même que dans la *pseudo-syphilis*, elles remédient aux
ravages du mercure administré sans ménagement, et
en réparent les pernicieux effets.

VI. Les *paralysies* que nous avons eu à soigner depuis huit ans ont été fort nombreuses. Nous en
avons vu de toute espèce : des hémiplégies, des paraplégies récentes, anciennes, idiopathiques et sympto-
matiques, et nous les avons toutes traitées avec plus
ou moins de succès. Parmi ces dernières, je signalerai d'une manière plus spéciale les paralysies résul-

tant de la maladie vertébrale de Pott. La condition essentielle pour leur guérison est d'arriver aux eaux en *temps opportun*. Trop tôt, c'est-à-dire lorsqu'il existe de la *turgescence* inflammatoire, ou quand le mal n'a pas été circonscrit ou arrêté dans sa marche, on ne peut administrer les eaux avec succès, parce qu'il est impossible de le faire avec la force nécessaire pour rappeler la vie dans les membres rendus paralytiques par la compression de la moelle épinière ou du cerveau. Trop tard, c'est-à-dire lorsque le mal est parvenu à son plus haut période, et quand les muscles sont émaciés, ou qu'il existe un ramollissement de la masse céphalo-rachidienne, il est au-dessus des ressources de l'art.

Un cas de paralysie dont la guérison a marché avec une rapidité bien remarquable, est celui de Mme N..., de Seyssel. Frappée d'hémiplégie en août 1834 et traitée convenablement dès le début, le bras seul était resté sans mouvement et avait perdu toute sensibilité, lorsqu'elle arriva à Aix, dans le courant de juillet 1835. Traitée par la douche à forte percussion, la glace sur la tête, l'électricité, le massage, la brosse et des embrocations huileuses volatiles, la malade ne tarda pas à en éprouver les plus heureux effets. La première douche rappela le mouvement dans l'épaule et la sensibilité jusqu'au coude; la seconde rendit le mouvement aux muscles du bras et la sensibilité jusqu'au poignet ; la troisième procura du mouvement à l'avant-bras, et ramena la sensibilité jusqu'à l'extrémité des doigts ; enfin, à la quatrième, la malade quitta son écharpe, et bientôt elle ne conserva plus rien de sa paralysie que le souvenir.

Les paralysies partielles qui sont la suite de coups, de chutes, de coliques saturnines, de maladies longues, de fièvres typhoïdes, etc., sont quelquefois guéries par nos eaux ; mais elles le sont presque toujours radicalement, lorsqu'elles sont la suite d'une répercussion de maladie cutanée.

Dans certaines paralysies locales nous avons employé avec avantage, en même temps que les eaux, la machine *électro-dynamique* de M. Bonijol, de Genève, et celle de Lebreton, de Paris.

VII. Un ordre de *névroses* très-commun aujourd'hui parmi les baigneurs, c'est la nombreuse classe des affections spasmodiques. C'est aussi l'une de ces catégories des infirmités humaines pour lesquelles autrefois on ne venait jamais à Aix, et c'est dans le traitement de ces singulières affections que les bains prolongés, les étuves, la natation, la méthode perturbatrice de la douche écossaise et l'électricité procurent de grands avantages. Nous avons traité avec succès, par une sage combinaison de ces divers moyens, plusieurs cas de névroses épileptiformes, une éclampsie, des danses de Saint-Guy, des tics douloureux, des affections hystériques, des gastralgies, des névroses localisées dans différents appareils organiques de l'abdomen.

En 1835, Mme A...., épouse d'un ingénieur français, a présenté un cas remarquable de guérison de névrose. La maladie débuta chez elle par le clignotement des yeux et des paupières, auquel se joignirent bientôt des mouvements convulsifs des différents muscles de la face. Ces mouvements n'étaient accompagnés d'aucune douleur; mais augmentant peu à peu, ils avaient fini par la gêner sensiblement pour lire, pour travailler de ses mains et pour se livrer à ses occupations domestiques. Enfin, cette affection durait depuis six années, lorsqu'une douleur rhumatismale amena, l'été dernier, Mme A... à Aix. Ayant réclamé les soins de mon père, ce dernier, connaissant le puissant effet qu'exerce l'électricité sur l'appareil qui préside à l'innervation, lui proposa de guérir tout à la fois le tic et le rhumatisme. Les premiers essais furent tellement heureux qu'elle sollicitait chaque jour l'administration de plus fortes étincelles, en même temps que les eaux en boisson, en bains et en douches agissaient directement sur le rhumatisme, et secondaient puissamment les effets de l'électricité. Un traitement de trois semaines a suffi pour faire disparaître tout à fait le mouvement convulsif.

Dans la *sciatique* ou névralgie *fémoro-poplitée* on n'obtient du soulagement à Aix que par une médication douce et graduée ; les frictions violentes, qu'on employait autrefois, sont aujourd'hui complétement supprimées ; on les a avantageusement remplacées par l'*irrigation continue*, les bains très-tempérés et l'étuve. (Sur 50 malades atteints de sciatique, 34 sont partis dans un état apparent de guérison ; les autres ont été plus ou moins soulagés, à l'exception de trois qui étaient d'un tempérament très-nerveux et chez qui le mal s'est exaspéré.)

Quant aux *hypocondriaques,* si ingénieux à se tourmenter eux-mêmes, ils trouvent dans les eaux, autant que dans les distractions nombreuses que leur offre le séjour d'Aix, un remède efficace à leurs maux.

Un état que j'ai vu quelquefois considérablement amendé par la douche écossaise, sagement administrée, c'est la *susceptibilité nerveuse,* lorsqu'elle existe comme le prodrome ou l'avant-coureur des névroses proprement dites. Je veux parler de cet état remarquable où *chaque impression un peu vive qu'on ressent touche aux limites de la douleur.* Ceci est d'autant plus important que cet état d'irritabilité habituelle physique et morale ne constitue à lui seul que la période

d'imminence d'une classe de maladies très-difficiles
à guérir, et que c'est dans cette période surtout qu'il
est donné au médecin de pouvoir conjurer l'orage, en
régularisant l'influx nerveux et les forces organiques
qui en dépendent.

Le succès dépend ici de la graduation de température de la douche écossaise, qui est presque la seule
employée; car si la masse d'eau qui sert à l'affusion,
ainsi que sa température, ne sont pas parfaitement
en rapport avec la sensibilité du sujet, on risque d'aggraver ses maux. Le médecin, dans ce cas, ne saurait
s'en rapporter aux doucheurs, et il est presque toujours obligé de graduer l'eau lui-même.

VIII. *Maladies anomales que constitue un état général de faiblesse ou d'énervation.* L'état pathologique
qui accompagne ces sortes de maladies n'étant pas
toujours le même, on ne saurait déterminer d'une
manière précise les symptômes qui le constituent ou
le caractérisent; ce n'est pas un mal local, souvent
même on ne saurait dire qu'il existe une indisposition
réelle, générale ou particulière. Mais le malade sent
qu'il est au-dessous de son état *moyen* de santé; il est
abattu, affaibli; tantôt ce sont des sueurs atoniques
qu'il éprouve; d'autres fois c'est un état de pâleur et
de chlorose. Chez ceux-ci ce sont les organes de la
digestion qui souffrent, chez ceux-là ce sont les or-

ganes des cavités thoracique et abdominale : ces der-
niers cas en imposent presque toujours pour le *spi-
nitis*. Ici, c'est un empâtement général du tissu
cellulaire sous-cutané, qui se laisse abreuver de *sérum*,
faute de ton et de vitalité ; là, c'est un étiolement
analogue à celui des plantes, qui fait que la charpente
osseuse ne peut soutenir la masse des parties molles.
Chez quelques-uns, c'est le développement de la puberté qui se fait avec peine ; chez tous enfin, il y a
faiblesse générale, apathie, découragement.

Dans ces circonstances, et quelle que soit la
lésion organique qui préside à cet ordre de symptômes, rien n'est plus utile que la douche vive, mais de
courte durée, la natation dans l'eau thermale, la douche écossaise et la méthode perturbatrice. C'est par
des moyens aussi simples que nous sommes parvenus
à prévenir les déformations de la taille chez de jeunes
personnes qui en étaient menacées. On comprendra
surtout ici l'avantage de nos piscines, lorsqu'on se
rappellera qu'une étude approfondie des moyens mécaniques et gymnastiques destinés à agir sur l'épine
dorsale, en sens inverse de la pesanteur, ont amené
les médecins qui s'occupent le plus des difformités,
à prononcer que la seule position horizontale modifie
les courbures presque aussi puissamment que tous
les moyens mécaniques proposés pour la cure des

déviations de l'*épine*. En tête des exercices qui ont lieu dans la position horizontale, ils ont placé la natation, à cause de l'influence salutaire qu'exerce un milieu tonique dont l'agitation variable détermine sur la peau une friction universelle.

C'est enfin par ces mêmes moyens, modifiés selon l'occurrence, que nous avons vu cesser, comme par enchantement, des palpitations, prises à tort pour des anévrysmes, des hémorrhagies passives, des leucorrhées, la stérilité, suite de la faiblesse des organes utérins, des œdèmes et des bouffissures de la peau, l'incontinence d'urine des enfants au lit, l'aménorrhée et la chlorose.

Maladies dans lesquelles les eaux sont nuisibles.

Il est des maladies pour lesquelles les eaux d'Aix sont contre-indiquées, et des personnes auxquelles elles ne valent absolument rien ; telles sont celles qui sont atteintes d'affections aiguës et d'un grand excès d'irritabilité ; celles qui sont d'une complexion débile et cachectique, ou épuisées par des pertes et de longues souffrances ; celles qui ont une tendance au *carus* et autres affections soporeuses ; celles qui son sujettes à l'hémoptysie ou aux congestions cérébrales ; celles qui sont atteintes d'abcès internes, d'hydropisie de poitrine, d'anasarque.

Elles sont nuisibles, en général, aux personnes très-grasses ou pléthoriques, dans les anévrysmes du cœur et des gros vaisseaux, les épanchements sanguins ou séreux dans les cavités, et dans toutes les dégénérescences squirrheuses ou cancéreuses.

On doit les défendre aux poitrinaires, lorsqu'il y a fièvre lente ou hectique, amaigrissement général, sueurs nocturnes et partielles, diarrhée, en un mot, lorsqu'ils ont atteint la seconde ou la troisième période de la phthisie pulmonaire.

Enfin, il est un certain nombre de maladies pour lesquelles il serait nuisible de prendre les eaux d'Aix d'une manière continue. Ceci a lieu quand le malade est d'une constitution délicate, nerveuse et facilement irritable ; lorsque, pendant la cure, les forces diminuent d'une manière sensible, lorsqu'il survient des pesanteurs de tête, des vertiges, de l'inappétence pour les aliments ; alors il faut nécessairement un jour ou deux, et même davantage, entre le bain, la douche ou l'étuve. On peut même établir, en thèse générale, qu'il faut interrompre l'emploi des bains de quelque espèce qu'ils soient, dès qu'on perd les forces, le sommeil ou l'appétit.

RÉSUMÉ.

—

J'ai cru ne pouvoir mieux terminer cet aperçu sur
les propriétés médicales de nos eaux, qu'en présentant le résumé suivant des maladies que j'ai observées
à Aix pendant huit années consécutives. Ce tableau
m'a paru assez clair pour ne pas nécessiter de com-
mentaires. Je me bornerai seulement à faire observer
que si le chiffre des guérisons est faible en apparence,
c'est que, pour être vrai, je n'ai dû signaler que celles qui m'étaient bien connues et en omettre peut-être
un grand nombre qui ont eu lieu après l'usage des
eaux, mais sur lesquelles je n'avais pu recueillir que
des renseignements incertains.

TABLEAU SYNOPTIQUE

de maladies observées à Aix pendant huit années

consécutives.

MALADIES.	GUÉRIES.	AMÉLIORÉES.	STATIONNAIR.
I. Rhumatismales............	104	231	47
II. de la Peau..............	40	63	59
III. Lymphatiques............	63	39	5
IV. Chroniques des os........	38	42	12
V. Syphilitiques.............	23	47	1
VI. Paralytiques.............	13	39	3
VII. Nerveuses	15	19	0
VIII. Anomales...............	17	34	16
Somme totale....	313	514	144

CHAPITRE II.

SERVICE DES BAINS.

Les billets de bains, douches et autres, dont le prix est indiqué ci-dessous, sont pris chez le caissier de l'Etablissement, auquel ils sont payés comptant par le baigneur. Si celui-ci ne les emploie pas tous pendant son séjour à Aix, le caissier rembourse, à présentation, ceux qui lui sont rendus.

TARIF

DES DOUCHES, VAPEURS ET BAINS.

—

DIVISION DES PRINCES ET NOUVELLE DOUCHE ÉCOSSAISE PRÈS LA DIVISION D'ENFER.

	fr.	c.
Douche avec doucheurs et porteurs................	2	»
Douche avec doucheurs sans porteurs..............	1	60
Douche avec porteurs sans doucheurs..............	1	60
Douche sans doucheurs ni porteurs................	1	15

DIVISION DES THERMES ALBERTINS.

	fr.	c.
Douche avec doucheurs et porteurs................	1	80
Douche avec doucheurs sans porteurs..............	1	40
Douche avec porteurs sans doucheurs..............	1	40
Douche sans doucheurs ni porteurs................	»	95

DIVISION CENTRALE ET D'ENFER,
excepté la douche neuve.

	fr.	c.
Douche avec doucheurs et porteurs................	1	50
Douche avec doucheurs sans porteurs..............	1	10
Douche avec porteurs sans doucheurs..............	1	10
Douche sans doucheurs ni porteurs...............	»	85

VAPEUR.

| Vapeur sans porteurs............................ | 1 | » |
| Vapeur et porteurs.............................. | 1 | 45 |

BAINS DE PISCINE.

Bain sans linge.................................	1	»
Bain et linge..................................	1	25
Bain et porteurs sans linge........	1	45
Bain avec porteurs et linge.....................	1	70

BAINS TEMPÉRÉS.

Bain sans linge.................................	1	»
Bain et linge..................................	1	25
Bain et porteurs sans linge.....................	1	45
Bain avec porteurs et linge.	1	70
Douche ascendante..............................	»	40

THERMES BERTHOLLET.

Vapeur sans porteurs............................	1	»
Vapeur avec porteurs...........................	1	45
Bain et douche pour un cheval..................	»	25

SERVICE D'EXEMPTION.

Douche avec doucheurs et porteurs................	»	85
Douche avec doucheurs sans porteurs.............	»	45
Douche avec porteurs sans doucheurs.............	»	45
Bain ou piscine avec linge......................	»	25

SERVICE DES PAUVRES ÉTRANGERS.

DIVISION DES PRINCES.

	fr.	c.
Douche avec doucheurs et porteurs......................	1	»
Douche avec doucheurs sans porteurs.................	»	80
Douche avec porteurs sans doucheurs.................	»	80
Douche sans doucheurs ni porteurs.................	»	60

DIVISION DES THERMES ALBERTINS.

Douche avec doucheurs et porteurs.................	»	90
Douche avec doucheurs sans porteurs...............	»	70
Douche avec porteurs sans doucheurs...............	»	70
Douche sans doucheurs ni porteurs.................	»	50

DIVISION CENTRALE ET D'ENFER.

Douche avec doucheurs et porteurs.................	»	75
Douche avec doucheurs sans porteurs..............	»	55
Douche avec porteurs sans doucheurs..............	»	55
Douche sans doucheurs ni porteurs.................	»	35

VAPEUR.

Vapeur et porteurs..............................	»	50
Vapeur sans porteurs............................	»	75

BAINS DE PISCINE.

Bain sans linge.................................	»	50
Bain et linge...................................	»	65
Bain et porteurs sans linge......................	»	75
Bain avec porteurs et linge......................	»	85

BAINS TEMPÉRÉS.

Bain sans linge.................................	»	50
Bain et linge...................................	»	65
Bain et porteurs sans linge......................	»	75

	fr.	c.
Bain avec porteurs et linge......................	»	85
Douche ascendante............................	»	20

THERMES BERTHOLLET.

	fr.	c.
Vapeur sans porteurs...........................	»	50
Vapeur avec porteurs...........................	»	75

GRAND BASSIN.

	fr.	c.
Piscine.....................................	»	65
Bain et douche pour cheval......................	»	25

Toute personne qui désire faire usage des bains, des vapeurs ou des douches dans l'intérieur de l'Etablissement, doit s'adresser au caissier, et retirer de lui un ou plusieurs billets en les payant comptant, suivant le tarif annexé.

Les baigneurs, munis de leur billet, qui indique l'espèce de douche, bain ou vapeur dont ils veulent faire usage, font inscrire par l'huissier, à la suite l'un de l'autre et sans lacune, leurs noms dans *la feuille de la division*. Ils échangent au bureau du contrôleur leurs billets en contre-marques, qu'ils doivent présenter aux doucheurs ou aux doucheuses du cabinet.

Les domestiques peuvent faire inscrire les noms de leurs maîtres, ainsi que les sécheurs ou sécheuses des pensions.

On ne peut se faire inscrire que le jour même où l'on prend la douche, le bain ou la vapeur.

Les baigneurs se succèdent dans les cabinets de douches et bains, dans l'ordre de leur inscription. Les huissiers font entrer dans le cabinet de douche ou de bain les premiers inscrits. Ils les appellent de suite et successivement les uns après les autres.

Au fur et à mesure que les baigneurs entrent dans les cabinets, l'huissier tire un trait sur leurs noms, de manière à laisser la possibilité de les lire. Si le baigneur inscrit, et appelé deux fois (savoir, lors de l'entrée du baigneur qui le précède, et au moment de l'évacuation du cabinet), ne se présente pas, l'huissier doit écrire vis-à-vis de son nom, sans le rayer, le mot *absent*, et appeler de suite le baigneur inscrit après lui.

Le baigneur, en entrant dans le cabinet ou dans la piscine, doit remettre aux sécheur, sécheuse, doucheur ou doucheuse, sa contre-marque, qui est placée immédiatement dans la boîte fixée au mur pour cet objet.

Un billet ou une contre-marque de la Division des Princes ou de la nouvelle Douche Écossaise, de la Division d'Enfer, peut servir pour les Thermes Alberbertins et la Division du Centre et d'Enfer; et les billets ou les contre-marques de la Division des Thermes Albertins peuvent servir pour la Division du Centre et d'Enfer, la nouvelle Douche Ecossaise exceptée.

CHAPITRE III.

De l'usage des eaux thermales.

§ I.

MANIÈRE D'ADMINISTRER LES EAUX.

Les divers modes d'administrer les eaux peuvent se réduire aux suivants : la *boisson*, la *douche*, le *bain* et l'*étuve*. Nous allons successivement parler de ces quatre manières d'en faire l'application au corps humain, telles qu'elles se pratiquent à Aix.

Boisson. — Ce sont les eaux de la source Saint-Paul qu'on emploie principalement en boisson. Cette préférence leur est accordée sur celles de Soufre, parce qu'elles sont généralement plus chaudes, moins pesantes à l'estomac et moins désagréables à boire. On les prend depuis un verre de huit à dix onces, jusqu'à six, huit, dix, et même douze dans la journée. Ce traitement dure quinze à vingt jours ; il est rarement administré seul, c'est-à-dire sans douche ni bain. Dans tous les cas, il convient de les prendre le matin, à jeun, et près de la fontaine, afin d'éviter la déperdition des gaz et du calorique. Lorsqu'on les laisse refroidir, leur goût devient fade et nauséabond.

Pour faciliter le passage des eaux, il est utile de se promener au grand air. Cette précaution, trop négligée sur le continent, forme un objet important de la thérapeutique anglaise. J'en ai vu les plus heureux effets aux bains de Bath, de Cheltenham et de Brihgton. On peut encore y joindre l'exercice à cheval, qui est généralement avantageux par la secousse légère qu'il imprime à tous les organes sécréteurs.

L'intervalle qu'il faut laisser entre chaque verre d'eau varie avec la force digestive de l'appareil alimentaire. Dix minutes suffisent généralement ; mais on doit toujours attendre que la digestion du premier verre soit faite avant d'en prendre un second, et ainsi de ceux qui suivent.

L'âge et l'idiosyncrasie du malade influent tellement sur nos eaux, qu'il n'est pas rare de leur voir produire la constipation. Autrefois on remédiait à cet inconvénient, en administrant de temps à autre quelques gros de sels neutres dissous dans l'eau thermale ; on y supplée aujourd'hui par l'eau de Sedlitz, l'eau de magnésie, les pilules laxatives, ou la limonade anglaise.

Une heure ou deux après avoir bu sa dernière verrée d'eau thermale, le malade fait un déjeuner léger, si les eaux ont tellement excité son appétit qu'il ne puisse attendre le premier repas. Ce déjeuner consiste en un bouillon, du vin vieux du pays, qu'on a soin d'édulcorer avec du sucre ou du sirop ; du vin de Malaga, dans lequel on trempe une mouillette ou un biscuit ; enfin, du chocolat ou du café.

Les eaux sont quelquefois coupées avec du lait, de l'eau de poulet ou de veau, des sirops béchiques ou rafraîchissants, lorsqu'elles déterminent de l'irritation, comme on le voit assez souvent dans l'asthme, le catarrhe chronique, la dyspepsie, etc.

Les cas où on les emploie spécialement en boisson sont la chlorose, la leucorrhée, le catarrhe vésical, les sables ou graviers de la vessie, qu'il n'est pas rare de voir expulser, quoique assez volumineux, par le seul effet de la boisson des eaux ; certaines névroses de l'appareil digestif, la dyspepsie sans phlogose locale, l'ictère chronique, l'asthme, le catarrhe des vieillards, la phthisie pulmonaire à son début, la dysménorrhée. J'ai combattu avec avantage, par l'eau ferrugineuse de Saint-Simon, les gastrites chroniques, les pâles couleurs, l'anémie, la leuchorrée, certaines ophthalmies, et le catarrhe vésical.

Douche. — La douche, *affusio* des Romains, consiste à exposer une ou plusieurs parties du corps à la percussion d'une colonne d'eau, dont le diamètre varie selon le besoin, et qui, suivant la hauteur de sa chute, frappe avec plus ou moins de vitesse ou de force. On y joint ordinairement l'immersion des pieds dans l'eau chaude : cette précaution est souvent indispensable pour détourner le sang de la tête et prévenir les congestions cérébrales.

L'eau thermale alimente les douches par sa chute naturelle et sans être refroidie ni battue par le jeu d'une pompe. Elle est conduite dans les cabinets au moyen de tuyaux de plomb, dont l'orifice est terminé par un robinet à clef. Des ajutages et des jets de divers calibres en modifient la veine liquide, au moment de son application. Ici c'est une nappe d'eau; là, une gerbe de filets divergents ; quelquefois une multitude de jets se réunissant vers un même point; plus loin, une pression de 25 à 30 pieds qui fait exercer à l'eau passant au travers de la pomme d'arrosoir; l'action d'une brosse vigoureuse, dont les effets pénètrent jusque dans l'épaisseur des organes.

Les ajutages variés dont on se sert à Aix, les tuyaux flexibles en cuir qui y sont adaptés, permettent d'appliquer les douches à toutes les parties, à toutes les régions du corps, et d'en modifier l'effet, pour ainsi dire, à l'infini.

La colonne d'eau peut se diriger verticalement, horizontalement ou d'une manière oblique. Le plus souvent elle agit de haut en bas, c'est-à-dire dans le sens de la force de gravitation ; d'autres fois cette colonne agit en remontant, c'est alors une douche ascendante, et on l'emploie de cette manière pour l'intérieur du nez, des oreilles, du rectum, etc.

On peut néanmoins rapporter toutes les douches que l'on a coutume d'administrer à Aix, aux douze ou quinze espèces suivantes. D'après sa température, la douche est *chaude*, *froide* ou *mitigée*. D'après sa direction, elle est *verticale*, *ascendante* ou *oblique*. D'après son application au corps et l'étendue de la région qu'on y soumet, elle s'appelle *générale* ou *locale* ; enfin, les eaux de *Soufre froides* et d'*Alun* s'administrent *seules* ou *mélangées*, et on peut à volonté en adoucir le choc ou le laisser avec toute sa force de pression. Dans ce dernier cas, la douche prend le nom de *grande chute*.

Une des conditions essentielles pour pouvoir retirer le plus grand effet d'une douche, c'est de bien affermir la partie qu'on y soumet. Il faut donc que cette partie soit appuyée et le corps soutenu. Le malade y est généralement assis sur une escabelle, ou étendu sur un coussin de paille ou de crin. Les paralytiques sont placés dans un fauteuil adapté à leurs infirmités.

Les personnes affectées de coxalgie et de maladies articulaires qui leur interdisent tout mouvement, sont transportées sur des cadres en toile claire ou canevas, au moyen desquels on peut administrer la douche au malade, le porter de son domicile à l'établissement et le reporter ensuite, sans qu'il soit nécessaire pour cela de le déplacer de cette sorte de litière.

La température de la douche varie suivant les indications à remplir. Il en est de même de sa durée : en général, elle est de quinze à vingt minutes. Pour les personnes sensibles et irritables, huit ou dix minutes suffisent, et souvent même c'est beaucoup trop. Les douches locales seules se prolongent indéfiniment : mais, dans tout traitement méthodique, il faut marcher avec prudence et n'augmenter la douche en durée et en force que graduellement.

L'effet de la douche peut encore être infiniment modifié par des moyens auxiliaires concomitants, tels que les frictions à la main ou à la brosse, le massage, la flagellation, l'alternat entre le bain et des jours de repos.

L'action de la douche sur la surface cutanée, la réaction qui en résulte sur les divers systèmes de l'économie, ainsi que les changements amenés par l'irradiation dans les centres nerveux, doivent être, pour le médecin des eaux, un objet important de méditation. En effet, si, dans la douche ordinaire, la peau s'anime, se colore ; si le réseau capillaire se dilate et s'épanouit ; si les houppes nerveuses du derme acquièrent une plus grande sensibilité, qui se transmet aux organes sous-jacents ; si l'action des organes sécrétoires et excrétoires en est augmentée ; si la circulation du sang est accélérée ; si, enfin, tout cet ensemble de symptômes produit un véritable accès fébrile factice qui se termine par une sueur abondante : que ne peut-on pas attendre de ses effets thérapeutiques, soit pour éliminer du corps les principes morbifiques qui l'entachent, soit afin d'y produire des absorptions et des crises salutaires, pour lesquelles la nature toute seule se trouvait impuissante !

A Aix, le malade se présente à la douche, avec son sécheur qui a dû se munir du billet de bain et du numéro d'ordre. Quand son tour est arrivé, il entre, son sécheur le déshabille et emporte ses vêtements. Alors le malade est conduit dans le bassin par les doucheurs (ou les doucheuses, si c'est une femme); il se place sur l'escabeau ou la chaise qui lui convient, et se couvre ordinairement les épaules d'une pièce de flanelle en forme de châle. Les doucheurs dirigent d'abord leur *cornet* sur ses pieds, et lui font parcourir successivement les différentes parties du corps, en s'arrêtant de préférence aux régions qu'il leur indique. Ils y joignent presque toujours les frictions à la main ou à la brosse : ils massent ensuite, pressent et *pétrissent* les membres en tout sens, ils leur font exécuter des mouvements d'extension et de flexion; ils les secouent légèrement ; puis ils exercent, s'il est besoin, sur l'abdomen, des frictions douces qui procurent une espèce de ballottement aux organes qu'il renferme, et par là en favorisent les sécrétions et le jeu.

Le temps fixé par le médecin étant écoulé, le malade sort de la douche ; on l'essuie avec des serviettes, on l'enveloppe d'abord d'un drap, et mieux encore d'une grande robe ou peignoir de flanelle, puis d'une couverture en laine ; on lui passe des serviettes autour de la tête et des pieds, et placé dans une chaise à porteurs qu'on ferme exactement, il est ainsi transporté jusque dans son lit.

La sueur qui succède à la douche dure communément une heure ou deux. On la favorise en prenant un bouillon très-chaud ou quelques verres d'eau thermale. Le paroxysme fébrile se dissipe graduellement ; bientôt un sommeil agréable vient effacer la lassitude produite par la douche et ramène, dans toute l'économie, le calme et le bien-être.

Quant aux effets généraux produits par un auxiliaire aussi puissant que les frictions et le massage, nous ne pouvons en donner une meilleure idée qu'en reproduisant le passage relatif aux bains orientaux, inséré dans le *Dictionnaire des sciences médicales* (tome III, p. 150) : « Tous les auteurs s'accordent à dire que le massement, joint aux bains, détermine sur l'économie animale un changement accompagné des plus agréables sensations et dont difficilement on se ferait une idée. La peau, d'abord humectée par l'eau ou la vapeur dans laquelle elle a été plongée, devenue plus souple et plus flexible, ressent un bien-être qui donne à l'existence un charme tout nouveau ; il semble qu'on apprécie plus complétement le bonheur d'exister et que jusqu'alors on n'avait pas vécu. A la fatigue que l'on éprouve, succède un sentiment de légèreté qui rend propre à tous les exercices du corps ; les muscles, rendus à leur contraction naturelle, agissent à la fois avec plus d'énergie et de facilité ; on croit que le sang coule plus largement dans les vaisseaux qui le contiennent. Les forces physiques éprouvent donc des changements salutaires : mais les fonctions du cerveau, qui sont si souvent modifiées par celles-ci, présentent bientôt un surcroît d'activité remarquable ; l'imagination se développe, le tableau riant des plaisirs s'y retrace avec des couleurs plus vives.... L'Européen, condamnant aveu-

glément les usages des autres peuples, quand souvent
il ne les connaît qu'imparfaitement, trouve, dans
cette pratique asiatique, un plaisir qui la lui fait
bientôt adopter ; il pousse quelquefois cette habitude
jusqu'à l'excès, et les femmes de nos contrées, transportées sous le ciel fortuné des Indes, ne passent pas
un seul jour sans se faire masser par leurs esclaves,
et sacrifient des heures entières à cette occupation. »

« Le massage, ajoute le Dr Rapou, agit directement sur les organes locomoteurs et même sur les
viscères des grandes cavités. Il favorise le cours du
sang, l'absorption des fluides, la sécrétion de la
synovie, qu'il répartit également dans les articulations
et les gaînes tendineuses. Par ses alternatives de
pression et de relâchement, et ses mouvements répé-
tés, il facilite la contraction des muscles ; prévient,
dissipe les adhérences et les engorgements articulaires ; il entretient les organes dans l'exercice libre
et régulier de leurs fonctions, prolonge conséquemment la vie, ou la rend plus agréable, en éloignant
les causes de maladies et d'infirmités. »

La douche générale avec ou sans massage est
employée d'une manière très-avantageuse dans les
paralysies et la myélite chronique, dans les obstructions viscérales et les engorgements lymphatiques, dans les affections rhumatismales, les douleurs

articulaires, les métastases goutteuses, menstruelles, hémorrhoïdales ou herpétiques ; dans la maladie de Pott, dans la gastrite et l'entérite chroniques ; dans les maladies des yeux et des oreilles, causées par le relâchement et la faiblesse, et généralement dans l'impotence des membres, suite de luxations, de fractures, d'entorses, de tumeurs blanches ou de fausse ankylose.

Douche ascendante. — La douche ascendante n'est qu'une modification de celle que nous venons de décrire : elle consiste, ainsi qu'on l'a dit, dans la direction imprimée à la colonne d'eau, qui remonte sous forme de jet ou de gerbe ; sa force est proportionnée à la hauteur du réservoir et à la forme de l'ajutage qui sert à la diriger. Cette douche s'emploie pour déterger les abcès du périnée, pour faire des injections rectales et vaginales, pour les injections dans le nez, sous le jarret, sous les aisselles, etc. Le malade, assis sur une chaise convenablement disposée, peut facilement diriger lui-même l'ajutage, soit d'une manière immédiate, soit en s'en tenant à une petite distance.

Un appareil spécial est établi dans un des cabinets du grand bâtiment pour l'appliquer aux yeux, au menton, aux narines et aux oreilles : on en a aussi de portatifs, qui peuvent servir dans toutes les pièces de l'Etablissement.

Cette douche, dont l'action est stimulante, réso-
lutive et détersive, produit surtout d'heureux effets
dans plusieurs affections de l'intestin *rectum*, dans
son relâchement et celui des parties adjacentes; dans
la leucorrhée, la chlorose symptomatique, la suppression des règles et des hémorrhoïdes; la dysménorrhée, et surtout dans les engorgements du col de
la matrice, où elle a presque toujours suffi pour dissiper des accidents qui semblaient faire craindre de
graves affections organiques. Le traitement de cette
dernière affection demande à être surveillé d'une manière spéciale; le mélange des eaux doit être minutieu-
sement gradué, et la douche administrée à une température de beaucoup inférieure à celle de la chaleur du
sang.

Douche écossaise. — Nous appelons ainsi le bain
froid, tiède ou chaud, administré sous forme de
pluie; c'est le *Shower-bath* des Anglais. Mon aïeul,
le Dr Jh. Despine, l'ayant vu employer avec succès
en Ecosse, dans les affections hypocondriaques, l'im-
porta en Savoie, il y a 50 à 60 ans, en lui donnant
le nom de *Bain anglais* ou *écossais*. Mon père l'in-
troduisit, en 1822, dans l'établissement thermal
d'Aix, à l'occasion de diverses affections nerveuses
qu'il traitait par la méthode perturbatrice, et dès lors
cette espèce de bains a reçu chez nous de nombreux

perfectionnements, qui en ont rendu l'emploi fréquent dans un grand nombre de maladies.

On use de la *douche écossaise*, tantôt par secousses vives et subites, lorsqu'on veut produire une révolution dans l'économie ou une perturbation dans le système nerveux; tantôt on s'en sert comme moyen propre à arrêter l'effet énervant des sueurs trop abondantes; tantôt encore comme un puissant tonique chez les sujets lymphatiques à tissu lâche et mou. Une remarque importante, c'est qu'au lieu de diminuer les sueurs, la douche froide les détermine, et les augmente même chez la plupart des sujets, lorsqu'elle est immédiatement suivie d'une immersion dans l'eau à 30 ou 35 degrés R. Nous employons ce moyen avec succès chez ceux que l'eau chaude simple n'avait pu faire suer.

L'appareil de notre *Shower-bath* se compose d'une petite caisse carrée, en fer-blanc, suspendue à un *pied-de-chèvre*, ou potence mobile. Dans le milieu de cette caisse est placé un cylindre creux, soutenu par deux pivots; il est ouvert dans le haut sur toute sa longueur, et muni d'une poignée propre à lui faire décrire un mouvement de rotation sur son axe. On y fait arriver, par des tuyaux en plomb, dont le bout est armé d'un robinet, un filet d'eau froide et un filet d'eau chaude, au moyen desquels on obtient les degrés de température convenables.

Avant de s'en servir, on commence en général et durant quelques minutes par masser, frictionner et doucher le malade, à l'eau chaude. On lui couvre ensuite la tête avec un casque, une éponge, un bonnet de taffetas ciré, ou simplement avec une serviette mise en huit ou dix doubles, pour diminuer l'impression qui en résulte sur le cuir chevelu, qu'il est bon quelquefois de ne pas mouiller ; puis on le fait placer sous l'appareil, et on tourne le cylindre avec rapidité. L'eau se précipite dans la caisse et s'échappe au travers de son fond percé de mille trous, et vient envelopper tout le corps comme une forte pluie d'ondée. L'impression produite au moment de la chute est vive ; on peut la comparer au réveil en sursaut.

On se borne quelquefois à une seule ondée ; mais le plus ordinairement on en prend de trois à dix; on a vu des malades s'en faire administrer plus de cinquante ; mais il n'est pas rare d'en voir porter le nombre à 15 ou 20, en se réglant d'ailleurs sur les forces, les besoins et la sensibilité du sujet.

Chaque ondée d'eau froide est communément suivie d'un arrosement d'eau chaude. Avec cette précaution, on éprouve à peine un instant d'horripilation et de froid. Il arrive ici comme au Russe et au Finlandais, lorsqu'ils se jettent dans la *Néva*, ou se roulent dans la neige, au sortir de leurs étuves : le surcroît d'activité qui résulte d'un pareil bain neutralise l'effet du froid et arrête toute réaction fâcheuse. Mais il faut beaucoup de circonspection ; car, s'il y avait abus, une impression froide trop forte déterminerait souvent des congestions internes.

Je ne partage point l'opinion de Gianini, qui pensait que le shower-bath est généralement avantageux dans les affections fébriles continues ; je crois, au contraire, avec Alibert et Marcart, que tout médecin prudent doit le prescrire avec beaucoup de réserve ; et, si on l'administre parfois dans des cas de névroses qui présentent quelques caractères d'acuité, c'est toujours alors pour produire une action perturbatrice propre à changer le mode de vitalité, et à régulariser le mouvement des organes malades, plutôt que pour réprimer l'état pyrétique ; indication plus facile à remplir par la saignée et les antiphlogistiques que par le bain froid. S'agit-il, au contraire, de combattre des fièvres intermittentes, ce bain, tel qu'on l'administre à Aix, m'a toujours paru avoir sur elles un effet avantageux.

Du bain en général. — Le bain (*balneum,* du grec *ballo,* je chasse, et *ania,* la douleur) consiste dans l'immersion d'une ou de plusieurs parties du corps dans l'eau. C'est un des plus puissants moyens thérapeutiques connus. Les premiers législateurs en firent une loi, et les pères de la médecine, Hippocrate, Gallien,

Celse, Avicenne, le recommandent de la manière la plus expresse.

Les bains peuvent être *froids*, *tièdes* ou *chauds*.

L'impression du froid et du chaud étant relative, il n'est pas possible de déterminer le degré de température dans lequel ces sensations doivent être circonscrites ; cependant, pour me conformer à l'usage, j'appellerai bains *froids* ceux dont la température n'excède pas 15 degrés Réaumur ; *tempérés* ou tièdes, ceux de 15 à 25° ; et, enfin, *chauds*, ceux de 25 à 30° et au-dessus.

Bain tempéré. — Pour bien comprendre les effets du bain tempéré, l'on doit tenir compte des circonstances accessoires, appartenant à l'hygiène et à la thérapeutique, dont il sera fait mention ailleurs ; je me bornerai ici à dire qu'il a pour effet immédiat d'assouplir la peau, de la déterger des concrétions qu'amène la sueur, de faciliter les mouvements musculaires et d'agir efficacement sur le moral, en mettant les organes du sentiment dans une disposition agréable.

Chez les personnes de constitution molle et lymphatique, quelquefois les mouvements du pouls se ralentissent ; le plus souvent ils s'accélèrent d'abord et bientôt après ils reprennent leur état normal. Dans la plupart des cas, ils diffèrent peu de leur rhythme ordinaire. Cependant on ne saurait tracer de règles invariables à cet égard, parce qu'il faut plutôt juger de l'influence du bain sur l'économie animale, par l'effet qu'éprouve le corps, d'après la disposition actuelle de l'individu, que par sa température absolue et ses autres qualités physiques ou chimiques.

A Aix, on compose les bains tièdes avec l'eau d'Alun ou l'eau de Soufre, pures ou mélangées, qu'on fait refroidir au point convenable, tantôt spontanément, tantôt avec de l'eau commune. Dans ce dernier cas, il est plus calmant; et l'on s'en sert pour diminuer l'irritabilité nerveuse ou musculaire, apaiser la douleur, combattre l'exaltation cérébrale, le spasme et les convulsions. Administré avec des proportions croissantes ou décroissantes d'eau chaude ou d'eau froide, il sert de passage du bain tiède au bain chaud; ou bien à tempérer l'effet de la douche. En l'alternant avec cette dernière, il la rend moins fatigante.

Sa durée est ordinairement d'une heure, mais elle doit toujours être modifiée, ainsi que sa température, d'après les circonstances, l'âge du malade, son sexe, ses forces, sa susceptibilité, la nature du mal, l'excitabilité de la peau, l'état de l'atmosphère, etc.

Quoique l'établissement thermal d'Aix contienne des cabinets destinés à cet usage, le plus souvent les bains tempérés se prennent à domicile. Chaque hôtel, à cet effet, possède un nombre de baignoires proportionné à ses logements. Pour s'en servir, il suffit de prévenir quelques instants auparavant le sécheur pour qu'il pourvoie aux préparatifs nécessaires.

Souvent le médecin prescrit au malade, après être entré dans le bain à une température agréable, d'y ajouter peu à peu de l'eau chaude, jusqu'à ce qu'il y ait disposition prochaine à la sueur : ce mode convient dans le cas où, après avoir amolli par le bain tiède, on veut opérer une légère excitation analogue à celle de la douche, mais moins forte. D'autres fois, au sortir de la douche, il fait porter le malade dans un bain chaud qui est ensuite graduellement refroidi. Ceci a lieu lorsqu'on veut prévenir des sueurs débilitantes, et convient essentiellement aux personnes sèches, maigres, irritables, nerveuses, et pour lesquelles le *Shower-bath* froid serait une trop rude épreuve.

Piscine. — La piscine ou bain *à grande eau* n'est qu'une variété du bain tiède. Les anciens avaient dans tous leurs établissements thermaux une piscine servant à la natation, où toute la jeunesse se livrait à cet agréable exercice, et c'est encore aujourd'hui pour Aix un des plus puissants moyens d'hygiène et de thérapeutique. Aussi en obtenons-nous des succès bien marqués, surtout chez les jeunes personnes dont

la taille a quelque tendance à se dévier, ainsi qu'on
l'a dit plus haut, et pour lesquelles ce genre de bains
offre un charme irrésistible.

Nos deux piscines des THERMES ALBERTINS sont généralement maintenues à la température de 27 à 28°
Réaumur (92 à 95 Fahrenheit). Se trouvant de quelques degrés au-dessous de la chaleur du sang, l'eau
tempère celle de l'économie animale, et suffit pour
imprimer aux organes intérieurs l'activité nécessaire
dans une foule de maux.

Les personnes qui ne savent pas nager y trouvent
des globes ou boules de fer-blanc ou de zinc, vides et
bien soudés, munis d'une ceinture pour les assujettir
au corps. Ces globes, de cinq ou six pouces de diamètre,
peuvent soutenir sur l'eau des adultes de forte corpulence ; et les enfants munis de *leurs boules* nagent avec
une hardiesse qui prouve leur sécurité.

Les engorgements glanduleux, les affections scrofuleuses et lymphatiques, l'atrophie des membres, le
rachitisme, une menstruation qui se fait trop attendre,
la lenteur du développement de tout l'organisme aux
approches de la puberté, etc., etc., trouvent dans nos
bains de natation un remède aussi utile qu'agréable.
Les paralytiques eux-mêmes en retirent les plus heureux fruits, au moyen d'un appareil flotteur destiné
à leur permettre des mouvements de locomotion.

Bain chaud. — Les effets immédiats du bain chaud peuvent se réduire aux suivants : la circulation s'accélère, la peau se tuméfie et rougit; une sueur légère couvre le front, les tempes et les lèvres; tous les liquides se dilatent; le sang se porte rapidement aux poumons et à l'encéphale; de là, gêne dans la respiration, douleur de tête, stupeur et coma, qui pourraient être suivis d'apoplexie, si l'on n'exerçait dans cette occasion la plus exacte surveillance. Les accidents fâcheux qui peuvent être le résultat de cette espèce de bain ont rendu les gens de l'art extrêmement circonspects dans son emploi; cependant il a cela de commun avec les remèdes violents, que son activité même peut le rendre fort utile, entre les mains d'un homme instruit qui procède avec les précautions requises. Il convient, en général, de commencer par des bains partiels, puis de passer aux bains généraux et de ne pas les prolonger au delà d'un quart d'heure, lorsqu'on les prend par immersion entière dans la baignoire; c'est ce qui se pratique au Mont-Dore, où l'on se baigne, après la douche, dans l'eau même qui y a servi.

A Aix, le plus souvent on administre le bain chaud, au sortir de la douche, dans une pièce appelée le *Bouillon.* Il est rare alors qu'on y reste plus d'une à deux minutes; ordinairement on ne fait qu'entrer et sortir ; ce qui lui a fait donner vulgairement le nom de *Plongeon*. Il est cependant des circonstances où l'on doit le prolonger plus longtemps, surtout s'il est partiel ; tels sont les cas de paraplégies anciennes, où il faut, pour me servir de l'expression d'Alibert, *cuire*, pour ainsi dire, le malade.

On emploie le bain chaud avec avantage dans la suppression des flux hémorrhoïdaux et menstruels, dans les rétractions tendineuses, les affections rhumatismales invétérées avec engorgements froids articulaires, enfin toutes les fois qu'on se propose de diminuer la masse des humeurs, de ramollir les solides, et qu'on n'a pas à redouter les effets d'une stimulation trop violente.

Étuve ou Bain de vapeur. — Les effets merveilleux obtenus par les bains chauds durent faire penser de bonne heure à tirer parti de l'eau réduite en vapeur. Dès l'antiquité la plus reculée, le *Tepidarium* faisait les délices de Rome. En Finlande, en Russie, on se sert d'étuves depuis un temps immémorial, et en Orient surtout, les femmes recherchent ce plaisir avec ardeur. En Égypte on est si convaincu de leur efficacité, au rapport de Timoni, qu'au lieu de se demander, lorsqu'on se rencontre : *Comment te portes-tu?* on emploie cette formule : *Comment sues-tu ?*

L'action du bain de vapeur diffère essentiellement

de celle du bain d'eau chaude ; car, d'un côté, l'eau vaporisée pénètre le système dermoïde d'une manière bien plus énergique, par cela même que ses molécules sont plus atténuées ; et, de l'autre, la compression exercée par le fluide ambiant, pouvant être considérée comme nulle, l'expansion doit être plus grande du centre à la périphérie.

Les effets immédiats du bain de vapeur sur le corps humain seront d'autant plus grands que la température en sera plus élevée, à moins qu'on n'y soit amené insensiblement par l'augmentation de la chaleur d'une manière lente et graduée. C'est en procédant ainsi que Fordice et Broussonnet sont parvenus à supporter la température au delà de 80° R., sans des souffrances trop vives. A la vérité ils n'étaient pas dans une étuve humide : ils n'auraient pu la supporter à une température aussi élevée ; car on sait qu'une chaleur sèche de 50 R. ne fait guère sur le même individu plus d'impression qu'une étuve humide de 35°.

Voici la raison de ce phénomène. Pour faire passer à l'état de vapeur de l'eau à 100 degrés centigrades, il faut lui donner 550 degrés de calorique, c'est-à-dire, la quantité de calorique capable d'élever d'un degré un poids 550 fois plus grand d'eau ; et lorsque cette vapeur reprend l'état liquide, elle restitue ces 550 degrés. Or, le corps humain n'étant qu'à 36 degrés centigrades, lorsqu'il est plongé dans de l'eau en vapeur, cette eau redevient liquide et fait passer dans le corps ces 550 degrés, ce qui est une énorme chaleur. L'air sec ne produit rien de semblable ; il n'agit que par communication, et en outre, comme il vaporise la sueur, il absorbe une partie de son calorique.

Un fait extrêmement curieux et qui se rattache au précédent, c'est que l'homme vivant conserve sa chaleur naturelle, quelle que soit la température du milieu qui l'environne. Tillet rapporte, à cette occasion, qu'il a vu la domestique d'un boulanger se tenir dans le four de son maître tout le temps que durait son service (lequel consistait à arranger le bois et le pain pour la cuisson), souvent par une chaleur excessive ; trois autres filles faisaient le même service. Ayant voulu savoir au juste le degré de chaleur qu'elles supportaient, il trouva qu'elles restaient dans le four 15 minutes, lorsqu'il était échauffé à 106° R., 10 minutes à 110°, et 5 minutes à 113. Ainsi ces filles supportaient dans ces épreuves une chaleur de 33° au-dessus de l'eau bouillante. Ce fait, tout extraordinaire qu'il paraît, est cependant confirmé par les expériences de Blagden, Banks et Sollander. Ces messieurs ont constaté, en outre, 1° que l'homme peut supporter une température de 86° au-dessus de la chaleur naturelle, sans de graves inconvénients ; 2° que le pouls bat, à 101° 1/3, cent quarante-quatre fois par minute ; 3° que l'air expiré paraît froid et fait baisser le thermomètre ; que le corps, au bout d'un quart d'heure, a perdu 300 grammes de son poids.

Les résultats généraux, produits dans de semblables étuves, sont bien différents de ceux que nous obtenons au Vaporarium, sur la grille du Bouillon et aux Thermes-Berthollet ; car ceux-ci sont incomparablement plus doux, et constituent un des moyens thérapeutiques les plus avantageux. Sous leur influence, la peau se ramollit, les veines extérieures se dilatent et tout le corps se recouvre d'une légère rosée due plutôt à une légère vapeur qui se condense, qu'à l'exhalation cutanée. Ces gouttelettes ne tarderaient pas à produire un sentiment de froid, si elles n'étaient sans cesse réchauffées par des nuées d'eau volatilisée, dont l'effet est de balancer l'évaporation qui tend à soustraire au corps une partie de son calorique.

J'ai été à même de vérifier l'effet calmant de la vapeur de nos eaux, dans quelques affections prurigineuses, dans l'asthme spasmodique et dans la phthisie au premier degré. Ces faits sont de nature à confirmer l'opinion des docteurs Chaussier et Rapou, au sujet de l'action du gaz hydrogène sulfuré, que l'on a toujours considéré comme étant un des principes les plus actifs des eaux d'Aix. Voici comment s'exprime à cet égard le savant auteur de *l'Atmidiatrique*, dont l'autorité est si recommandable, surtout lorsqu'il s'agit de l'emploi des vapeurs comme moyen médicamenteux. « Le gaz hydrogène sulfuré est un des plus précieux agents de la thérapeutique. Il est aussi celui dont on connaît le moins la manière d'agir ; car presque tous les médecins le supposent excitant et emploient les vapeurs hydrosulfurées pour augmenter l'énergie vitale de la peau, pour accroître la circulation capillaire ; et, par continuité de tissu, l'irritabilité des parties profondes sur lesquelles on les dirige. Il est vrai qu'elles résolvent bien plus facilement et avec plus de promptitude les tumeurs et les engorgements lymphatiques que tous les autres moyens ; mais elles sont principalement sédatives et calmantes. Une singulière propriété du gaz hydrogène sulfuré, dont je me suis convaincu un grand nombre de fois, c'est qu'il tempère manifestement l'activité du calorique ; c'est-à-dire que la vapeur aqueuse qui, appliquée soit en douche, soit en bain, sur une partie quelconque du corps, à un degré donné, déterminerait chaleur, rougeur et gonflement, ne produira aucun de ces effets immédiats, si elle est saturée de gaz hydrogène sulfuré. Après son action, la peau est plus souple, plus douce, plus onctueuse, etc. »

Le gaz hydrogène sulfuré pur est, comme on le

sait, un des gaz asphyxiants les plus énergiques, un des poisons sédatifs qui agissent le plus puissamment sur le système nerveux. Cette circonstance a souvent fait croire à de savants médecins, physiciens et chimistes étrangers, que nos bains de vapeur pouvaient être dangereux ; mais cette assertion est facilement combattue par l'expérience qui, depuis un temps immémorial, a confirmé l'efficacité de ces bains dans beaucoup de maladies et leur innocuité parfaite, quand on en usait avec prudence. Elle l'est encore par les considérations suivantes, déduites de faits positifs.

1° Nos vapeurs hydro-sulfureuses ne sont pas pures. L'air atmosphérique et l'azote y sont en proportions infiniment plus considérables.

2° L'hydrogène sulfuré, qui se développe au moment où le gaz fourni par les eaux arrive à leur surface, ne s'y accumule pas, puisque, comme on l'a vu précédemment, il forme de l'acide sulfurique qui imprègne le linge à sa proximité, convertit en gypse le revêtement calcaire de l'intérieur des cabinets, et fait passer à l'état de sulfate le fer, le cuivre et le zinc qu'il y rencontre.

3° Enfin, les cabinets où ces vapeurs s'administrent ne sont pas hermétiquement fermés ; au contraire, le mouvement des baigneurs, celui des gens de service, et la différence de pesanteur spécifique de l'atmosphère et de la vapeur des eaux chaudes, amènent dans la masse aérienne de ces cabinets un mouvement qui en mélange, déplace et renouvelle à chaque instant toutes les molécules.

La vapeur s'administre à Aix de quatre manières. La première consiste à placer le malade dans une étuve où tout le corps est plongé. La deuxième se fait par encaissement ; la tête seule dans ce cas se trouve hors de l'appareil, tandis que le reste du corps est plongé dans la vapeur. La troisième consiste à diriger la vapeur sous forme de douche, ce qui s'exécute en conduisant le jet sur une seule partie, à l'aide de tuyaux dont on peut varier à volonté le diamètre, la forme et la longueur. Souvent c'est avec un manchon cylindrique, dans lequel on introduit la jambe, le bras ou la main ; d'autres fois c'est avec un cône qui sert à concentrer les vapeurs et les rassembler en une sorte de foyer, sur la partie qu'on y soumet. Enfin, il est une multitude d'autres appareils, dont le détail serait fastidieux pour le lecteur, et que la simple inspection fera beaucoup mieux comprendre.

4° On a mis à profit la propriété qu'ont les liquides de produire une chaleur plus grande, à raison de leur densité spécifique, pour administrer des bains mixtes, c'est-à-dire dans lesquels la partie supérieure du corps est soumise à l'action de la vapeur à 27°, pendant que

les extrémités inférieures sont plongées dans un bassin
d'eau de Soufre ou d'Alun, dont la température est
bien plus élevée. Cette espèce de bain, qui a de l'a-
nalogie avec le *semi-cupia* des anciens, est toujours
préférable chez les personnes très-sanguines ou douées
d'un tempérament éminemment nerveux. Il est prudent, chez elles, d'appeler les fluides vers les régions
éloignées des centres vitaux : on évite, par ce moyen,
les causes de l'irritation cérébrale et médullaire, souvent accompagnée de convulsions et de douleurs
atroces.

On conçoit, d'après ce qui précède, que l'air qui
pénètre dans l'éponge pulmonaire, étant ici moins
brûlant, la respiration doit être plus libre et les in-
spirations moins nombreuses ; il y a plus de calme
dans la circulation ; il arrive moins de sang au cerveau dans un temps donné ; ce qui doit faire préférer
cette méthode, toutes les fois qu'on a à redouter des
congestions sanguines à la tête.

Quant à l'application locale de la vapeur, elle peut
être extrêmement utile pour activer une inflamma-
tion circonscrite, favoriser la résolution d'un engorgement, hâter la rupture d'un abcès, faciliter le retour
des évacuations menstruelles, et pour produire une
révulsion sur un point de la périphérie, dans l'inten-
tion de combattre une irritation profonde ou une in-

flammation latente des viscères ou d'organes plus essentiels.

Bain de boues. — Des bains de boues ont été introduits à Aix, à l'imitation de ceux d'Acqui, de Vinadio et de Saint-Amand. De tout temps, on s'était servi des boues thermales de nos eaux en applications et en cataplasmes. On les recueillait autrefois dans le grand bassin central du grand bâtiment des bains et dans le grand bassin des eaux d'Alun, appelé Bain Royal. Depuis que ces bains ont reçu des destinations spéciales, qui ne permettent plus de s'y procurer ces boues spontanées, produit des conferves et de la matière animale ou glairine, on était privé de cette ressource utile ; mais dans la distribution des THERMES-ALBERTINS, un local spécial a été disposé pour y réunir tous les *détritus* des fontaines minérales, et y opérer les mélanges convenables.

Les boues ainsi préparées se composent, comme à Acqui et à Saint-Amand, d'une terre magnésienne, extrêmement douce et onctueuse au toucher, unie à la matière azotée et au soufre fournis par les deux eaux thermales. Elles sont mises en dépôt dans une espèce de puits ou réservoir disposé à cet effet. Continuellement agitées par l'eau d'Alun qui sourd au-dessous, leur masse s'imprègne de plus en plus de principes minéralisants, et quoique la température en

soit moins élevée qu'à Acqui, l'on en retire néanmoins
les plus grands avantages dans les rétractions tendineuses et dans plusieurs affections chroniques de la peau.

La densité de ce bain étant supérieure à celle de
tous les autres, et la chaleur s'y conservant conséquemment plus longtemps, à égalité de température,
il n'est pas douteux qu'il ne produise des cures nombreuses dans certains cas de nécrose, de fracture,
d'atrophie des membres ; et qu'il ne devienne plus
usuel dans les affections scrofuleuses, si souvent rebelles et si variées dans leurs formes.

§ II.

Précautions à observer pendant l'usage des eaux.

Les moyens à mettre en usage pour retirer tout le
fruit qu'on doit attendre des eaux d'Aix peuvent se
rapporter à deux chefs principaux. Les uns sont pu-
rement hygiéniques et relatifs aux affections de l'âme,
à l'air, aux aliments, aux boissons, à l'exercice ; les
autres regardent spécialement l'administration des
eaux et sont du ressort de la thérapeutique. Tous sont
fondés sur l'expérience et la tradition, et c'est à ce
double titre qu'ils méritent l'attention des baigneurs.

Affections de l'âme. — Les affections morales de l'homme (*animi pathemata*) sont si intimement liées à son organisation physique, elles fournissent tant d'indications précieuses dans le pronostic et le traitement des maladies, qu'on peut facilement se convaincre du rôle important qu'elles doivent jouer dans la médication par les eaux minérales : en effet, si un accès de joie ou de tristesse, si l'envie ou l'ambition impriment à l'âme des secousses violentes, et quelquefois mortelles dans l'état de santé, elles ne peuvent manquer de produire des désordres extrêmement graves sur ceux qui arrivent aux eaux avec une organisation délabrée, et douée par là même d'une *impressionnabilité* plus grande.

Qui ne sait, d'ailleurs, combien de fois l'atrophie, la mélancolie, le marasme, sont produits ou entretenus par la haine, l'amour, la jalousie ; combien un chagrin de famille, un léger revers de fortune, amènent de modifications dans la manière de faire, de dire, de penser ; combien enfin d'affections viscérales ont leur source secrète dans une aberration mentale, dans un repli du cœur ?...

11.

Ce sont des considérations de ce genre qui ont fait dire au célèbre auteur de l'*Arbre des Dermatoses* (le docteur Alibert) : « *Quand vous arriverez aux eaux minérales, faites comme si vous entriez dans le temple d'Esculape : laissez à la porte toutes les passions qui occupent votre esprit.* » Ce sont elles qui ont valu à la science les ouvrages immortels des Dumas, des Louyer-Villermay, et qui ont encore, pour le médecin observateur, un intérêt d'autant plus vif qu'elles l'éclairent sur les variations qu'il doit apporter aux remèdes.

L'action des médicaments étant singulièrement influencée par les passions de l'âme, il arrive souvent que l'homme de l'art, pour obtenir du succès, est obligé premièrement d'agir sur le moral de ses malades, tantôt en s'efforçant de leur inspirer une confiance presque aveugle dans la nymphe des eaux, tantôt en employant l'ascendant du caractère pour faire surmonter une répugnance, vaincre une habitude ; et quelquefois en déplaçant une idée, pour en faire naître une autre de nature différente, ou en variant les occupations accoutumées par des occupations, des surprises et des émotions nouvelles.

Les personnes portées à la mélancolie éviteront, pendant l'usage des eaux, de rester seules et de se livrer à leurs propres pensées. Elles doivent manger de préférence à table d'hôte ; rechercher la société des personnes aimables et enjouées ; se dissiper par des lectures agréables, l'équitation, la danse, la musique, et semer des germes de guérison, en faisant succéder la gaieté à la tristesse, et en remplaçant des habitudes sédentaires par une vie active et dissipée ; car c'est surtout aux eaux qu'il convient d'être *toujours occupé, sans avoir rien à faire.*

Au contraire, les personnes douées de passions vives, telles que la colère, l'ambition, l'amour... devront les modérer et leur imposer un frein, pendant tout le temps que durera la cure. Ainsi que l'a fort bien dit un de nos plus aimables poëtes :

> Qui sait les maîtriser est le dieu d'Épidaure.
> Oui, la sagesse aimable est sœur de la santé :
> Elle seule connaît le secret qu'on ignore
> D'assurer l'immortalité.

Air atmosphérique. — Les différentes variations de l'atmosphère, la chaleur, le froid, la sécheresse, l'humidité de l'air, le passage brusque d'une température à une autre sont, d'après Hippocrate (*De aere, locis et aquis*), les causes les plus fréquentes des changements qui arrivent dans l'organisme, et conséquemment de la plupart des maux qui affligent l'espèce humaine. Ces divers états de l'air, par les modifications

qu'ils impriment à l'exhalation cutanée, ont une influence plus grande qu'on n'imagine sur l'action des
eaux thermales; et l'on ne saurait, par ce motif, prendre trop de précautions pour se garantir des intem-
péries. L'air trop chaud irrite les poumons et produit
la lassitude; l'air froid, des *répercussions* fâcheuses,
des accès de toux, de goutte, de rhumatisme; l'air
froid, saturé de vapeurs aqueuses, nuit essentiellement
à la transpiration et produit le relâchement des tissus
et l'atonie des organes.

Un des moyens les plus propres à prévenir les accidents qui résultent des variations de température
est, sans contredit, l'usage des tissus de laine et spécialement de la flanelle, appliqués sur la peau. Cette
précaution est presque indispensable pour les personnes qui ont la poitrine délicate et pour celles dont la
peau, facilement perméable, se couvre de sueur par
la plus légère cause.

La facilité qu'offrent les environs d'Aix de se promener dans des lieux plus ou moins élevés, permet
de varier l'effet de la pression atmosphérique suivant
la maladie. C'est ainsi, par exemple, que l'on conseille
l'air vif et frais des collines aux personnes douées d'un
tempérament lymphatique, tandis qu'on recommande
aux malades atteints de phthisie l'air doux et chaud du
fond de la vallée.

Pendant l'été, les eaux et l'ardeur du soleil occasionnent, vers le soir, un serein d'autant plus abondant que le rayonnement du calorique a été plus fort et l'évaporation plus grande. La chute de l'eau ainsi condensée, plus pernicieuse encore pour ceux qui n'y sont pas accoutumés, doit faire aux malades un précepte de rentrer chez eux de bonne heure, et surtout de ne pas se promener après le coucher du soleil.

Enfin, le bain, la douche et la boisson des eaux ayant pour effet de produire des transpirations abondantes, les malades choisiront de préférence des chambres vastes et des appartements où l'air puisse se renouveler aisément.

Régime. — Le régime, chose si utile même à l'homme qui jouit de la plénitude de ses fonctions, est cependant l'objet qu'on néglige le plus ordinairement, lorsqu'on vient aux eaux pour cause de maladie.

Le luxe de la table, favorisé par l'empressement que les maîtres de pension mettent à plaire à l'étranger, la bonté des mets, leur délicatesse et leur profusion, concourent puissamment à faire négliger sur ce point les avis donnés par la médecine. Tous les auteurs s'accordent cependant à dire que l'abus qui accompagne ordinairement les délices de la bonne chère est non-seulement nuisible aux organes digestifs, mais qu'il occasionne encore les récidives les plus nombreuses dans les maladies traitées par les eaux minérales ; en conséquence, voici quelques principes qui peuvent servir de règle au baigneur.

Le premier et le plus important consiste à user de tout avec modération, en évitant particulièrement l'excès des choses dont l'action est diamétralement opposée à celle des eaux ; tels sont les aliments qui tendent à stimuler fortement le canal alimentaire, et à diminuer ou à suspendre la transpiration habituelle de la peau.

Les viandes salées, et surtout celle de porc, sont généralement nuisibles aux personnes atteintes de rhumatisme, de douleurs arthritiques et de maladies de la peau.

Le poisson d'eau douce convient au plus grand nombre des malades ; aussi la consommation qui s'en fait à Aix, pendant le temps des eaux, est-elle considérable. On doit préférer celui dont la chair est tendre et peu fibreuse, comme la lotte, la truite, le lavaret, l'omble-chevalier, la carpe, et le brochet.

Puisque les eaux prises en boisson, en bain ou en douche, donnent une nouvelle vie au système circulatoire, qu'elles produisent une excitation générale, et que la constipation est le résultat ordinaire du surcroît d'action du système cutané, il convient de ne rien faire qui puisse contrarier le travail de la nature.

On évitera donc les mets fort épicés, les fritures, les viandes trop grasses, surtout lorsqu'elles sont apprêtées avec des sauces de haut goût, les végétaux qui contiennent un grand nombre de principes stimulants, comme sont l'ail, le céleri, les raiforts, etc.

Les hypocondriaques, les hystériques, les valétudinaires, les personnes sujettes aux borborygmes, devront user avec circonspection des légumes, tels que pois, haricots, lentilles, fèves, épinards, salsifis, artichauts; ainsi que de fruits lourds, comme sont la courge, le concombre et le melon.

Les personnes chez lesquelles la transpiration est abondante devront être très-réservées dans l'usage des gelées de framboise, de groseille, et généralement de tous les acides. Ces substances, qu'on a regardées de tout temps comme rafraîchissantes, ont pour premier effet de produire le resserrement des tissus et conséquemment des pores, contrairement à l'action des eaux qui tend à les dilater. Les sorbets et les boissons à la glace ont un résultat analogue et stimulent, en outre, d'une manière violente, l'appareil gastro-intestinal, d'où peuvent survenir des transports funestes. Un moyen de diminuer la qualité nuisible de ces boissons, c'est de se livrer à un exercice modéré immédiatement après les avoir prises : l'effet de ce mouvement est de porter légèrement à la peau et de balancer ainsi l'action répercussive des boissons réfrigérantes.

L'exercice et les pertes considérables que le corps fait par la sueur exigent, en général, une nourriture substantielle, de facile digestion, et qui, sous le moindre volume possible, contienne le plus de matériaux nutritifs. Le *beefsteak*, le *roastbeef*, la volaille, le mouton et le veau rôtis, les gelées animales forment la nourriture qui remplit le mieux ces indications : viennent ensuite les substances amylacées, le riz, la semoule, les pâtes de Gênes, les gruaux, la fécule de pomme de terre, le salep et l'arrow-root. Les crèmes au sucre, au chocolat, lorsqu'elles ne sont pas trop aromatisées, sont à la fois succulentes, nutritives et faciles à digérer. Les œufs doivent être regardés comme la substance animale la plus saine, la plus légère et la mieux adaptée aux différents tempéraments, pourvu qu'ils soient frais et que la cuisson ne leur ait pas fait perdre entièrement leur fluidité. Le fromage est indigeste, surtout lorsqu'il est récent et qu'il entre en trop grande proportion dans la composition des mets.

Le bouillon, fait avec des viandes de bœuf, de veau et de poulet, forme une solution de principes animaux nourrissante, réparatrice, et très-convenable au genre de vie que mène le baigneur.

Le vin vieux du pays, étendu d'eau, constitue une boisson tonique, utile à ceux qui prennent la douche ; il fortifie l'estomac et ranime promptement les forces. On évitera les liqueurs alcooliques pures : leur effet est d'exciter trop vivement et de produire ensuite un état de *collapsus* ou dépression vitale. Quant aux vins étrangers, ils conviennent à ceux qui en boivent habituellement ; mais leur dose devra être diminuée, dès qu'on s'apercevra qu'ils irritent les organes digestifs.

Le lait, l'orgeat, les décoctions mucilagineuses et autres boissons adoucissantes, dont l'usage est si avantageux lorsqu'on vient aux Eaux pour des maladies de poitrine, pour des gastrites anciennes et autres lésions de l'appareil alimentaire, ne doivent pas être bus indifféremment par toutes sortes de personnes ; pris habituellement, ils sont loin de convenir à celles qui sont douées d'un tempérament lymphatique, qui ont la fibre lâche et qui sont naturellement portées à l'inertie ; les boissons légèrement toniques, l'eau de la fontaine martiale de Saint-Simon, la bière, les décoctions de houblon, de quassia et autres substances amères conviennent infiniment mieux à cette espèce de constitution.

Exercice. — Hippocrate, Sydenham et Baglivi ont recommandé l'exercice, spécialement dans les maladies chroniques. Au rapport de Gallien, les exercices de gymnastique étaient regardés par les médecins de la Grèce comme un puissant moyen de relever les forces, de favoriser les crises et la convalescence.

L'exercice est encore aujourd'hui conseillé essentiellement dans le but de seconder l'action des eaux. On sait en effet que les mouvements du système musculaire aident et facilitent ceux de tous les autres appareils organiques. Mais cet exercice doit en général être modéré et rarement poussé jusqu'à la fatigue ; il varie avec le sexe, l'âge et les habitudes qu'on a contractées.

Les personnes jeunes et robustes choisiront de préférence la promenade à pied, dans les lieux escarpés, et surtout la promenade du matin, si elles font usage des eaux en boisson.

Les sujets affectés d'hypocondrie, d'hystérie, d'engorgements du foie, de la rate et du pancréas devront préférer l'exercice à cheval. Le ballottement et les secousses qui en résultent vont retentir jusque dans la profondeur des organes ; ils augmentent l'action de l'estomac, favorisent la circulation dans le réseau capillaire sanguin et dans les vaisseaux lymphatiques ; rien n'est plus propre à hâter la résolution des engorgements et de l'embarras des viscères abdominaux. La danse, le jeu de billard, la musique même et la natation, produisent encore un effet analogue ; ils stimulent les tissus vivants tombés dans la langueur, donnent une énergie et une activité nouvelle à toutes les fonctions, et concourent ainsi à ramener l'équilibre entre les divers systèmes qui composent l'économie animale.

La proximité du lac du Bourget fournit aussi un moyen fort agréable de prendre de l'exercice, par la facilité qu'on a de s'y promener en bateau. Il faut seulement avoir la précaution de s'habiller plus chaudement que de coutume, afin de se prémunir contre les froids qui balayent la surface du lac, à différentes heures du jour.

Pour les personnes qui, par suite de faiblesse, de paralysie commençante, de *nodus* articulaire, d'ankylose, ne peuvent pas exécuter des mouvements fort étendus, il serait souvent utile, ainsi que je l'ai vu pratiquer à Bath, de suppléer aux autres exercices par l'agitation d'un rouet, celle de rouleaux en bois qu'on fait mouvoir avec les pieds, la traction d'un ressort, l'effet musculaire des bras pour contrebalancer un poids dont on augmente chaque jour la pesanteur. Le char sygmoïde ou onduleux du docteur Pravaz pourrait de même trouver ici son application.

On pourrait encore adopter pour la promenade une sorte de *tricycle* ou petite voiture à trois roues, dont les malades se servent avec avantage dans les établissements thermaux de la Grande-Bretagne. L'exiguïté de ses dimensions permet à un domestique, placé derrière, de pousser et de faire avancer l'équipage, tandis que le malade le conduit lui-même, à l'aide d'une espèce de gouvernail qui change à volonté la direction de la roue de devant.

Du reste, on se procure à Aix, avec une extrême facilité, des chars légers et bien suspendus, des chaises à porteurs, courtes ou allongées, à dossier fixe ou mobile, au moyen desquels les plus impotents peuvent jouir de la promenade au grand air, et parcourir les sites environnants.

Enfin, s'il n'était pas possible de se livrer aux différents genres d'exercice que nous venons d'énumérer, on pourrait y suppléer par l'emploi des frictions, moyen dont les anciens avaient reconnu l'immense avantage, et qui malheureusement est presque tombé en désuétude. Nos corps se soumettraient sans doute avec peine à l'action du strigile en usage parmi eux[1]; mais l'on y suppléera en se servant d'abord d'un linge doux, puis d'un morceau de flanelle, et enfin d'une

---

[1] Le strigile antique n'était autre chose qu'une lame de métal, ordinairement de bronze et quelquefois de fer, ainsi que le prouvent les fragments trouvés dans les bains de Caracalla à Rome, et dans les ruines de Pompéi (*Library of entertaining Knowledge*, vol. I, p. 181).

brosse dont le poil ne soit ni trop court, ni trop raide. Il convient de commencer par frictionner les extrémités supérieures, de passer successivement au cou, aux épaules, au reste du tronc et aux membres inférieurs, et de continuer jusqu'à ce que l'on ait produit sur tout le corps, la tête exceptée, une légère rubéfaction.

Repos. — L'âge, le sexe et la constitution doivent servir à régler la durée du sommeil. Les personnes faibles, les femmes, les vieillards et les enfants dormiront plus longtemps que les adultes ; mais en général le temps consacré au sommeil ne dépassera pas huit à neuf heures. Cependant ceux qui ne font usage des eaux qu'en bain et en boisson, et ceux qui sont disposés à la paralysie, aux affections spasmodiques, aux congestions sanguines de la tête, se contenteront d'un sommeil beaucoup plus court.

Le repos est toujours avantageux lorsqu'on revient de la douche ; mais il ne faut pas le prolonger au delà de deux heures. Il est nuisible, en général, après dîner, à moins qu'on n'en ait contracté une longue habitude, comme cela arrive souvent à l'habitant des climats chauds. Enfin, quelle que soit la manière dont on prenne les eaux, il convient de peu manger le soir et de mettre un intervalle d'une heure au moins entre le repas et l'instant du coucher.

On évitera soigneusement les veilles prolongées : elles causent de l'agitation, ébranlent souvent tout l'organisme, et tendent constamment à aggraver les maladies; car, ainsi que l'a dit un poëte observateur :

C'est du sein des tranquilles nuits
Que naissent les jours sans nuages.

PRÉCEPTES THÉRAPEUTIQUES.

I.

Plus un remède est énergique et variable dans son application, plus il est nécessaire de l'employer avec discernement : on observe en effet que du choix et de la graduation des bains dépend, en grande partie, le succès de la cure. Les moyens que conseille la prudence sont donc d'étudier la sensibilité individuelle, de préparer graduellement la peau à une plus vive stimulation, de se garder de la soumettre brusquement à une excitation violente, de consulter les sympathies, en combinant avec art les diverses espèces de bains, de douches et d'étuves : moyens qu'on ne saurait employer convenablement que lorsqu'on a acquis une connaissance profonde de la constitution des malades. Dans ce but, ceux qui se rendent à Aix ne sauraient trop mettre d'attention à se munir de notes historiques bien détaillées sur leur situation passée; car rien n'est plus propre à éclairer le médecin sur la méthode de traitement qu'il doit suivre. Avant de commencer les bains, il est prudent de se reposer deux ou trois jours, surtout si pour arriver on a fait un long voyage. Il faut adopter de suite un régime convenable; se défier du trop grand appétit que donne un air nouveau , et adopter des vêtements chauds et légers.

II.

Pour bien comprendre l'effet des bains sur l'économie vivante, il est nécessaire de tenir compte d'une infinité de circonstances , et d'abord , de la pression qu'exerce l'eau sur celui qui s'y soumet. L'eau augmente en effet , par sa pesanteur spécifique, le poids que l'atmosphère exerce sur le corps ; et cette pesanteur devient encore plus considérable , à proportion des sels et des autres substances qui s'y trouvent suspendus ou dissous.

Ces considérations doivent tenir en garde contre les dangers qui peuvent résulter de la pression aqueuse, surtout pour les personnes dont la taille est ramassée , la tête volumineuse, le cou très-court , et qui sont par cela même prédisposées à l'apoplexie et aux congestions cérébrales. Tous les viscères étant susceptibles d'éprouver un refoulement des humeurs, et par suite des transports dangereux sur les parties où cette pression s'exerce avec moins d'énergie, on conçoit qu'il doit exister une foule de cas où il serait avantageux de n'entrer dans le bain que graduellement, ou bien de n'élever que peu à peu l'eau de la bai-

gnoire[1]. Les personnes robustes peuvent prendre le
bain le matin à jeun, mais celles qui sont faibles et déli-
cates doivent déjeuner après avoir fait une petite promenade, et ne se rendre au bain que vers midi. Elles
doivent toujours se lever de bonne heure, parce que
rien ne débilite plus que le lit, après le sommeil naturel
(qui doit être environ de 7 heures pour les hommes
et de 8 pour les femmes et les enfants). Tous ceux qui
auraient commis une intempérance la veille doivent
retarder leur bain jusque vers le milieu du jour. Ceux
qui mangent tard et beaucoup, ou qui ont été très-
fatigués dans le jour, doivent s'abstenir de prendre le
bain le soir. En général, il ne faut jamais attendre
dans le bain le deuxième frisson.

III.

L'effet de la température de l'eau, relativement à
l'immersion du corps, est aussi bien différent de celui
qu'exercerait sur lui l'air ambiant, au même degré.
L'action du calorique sur le corps vivant paraît être
subordonnée, ainsi qu'on l'a dit en parlant des bains

---

[1] En Angleterre on obvie aux accidents qui peuvent résulter
de la pression de l'eau dans le bassin, à l'aide d'une sorte de
dossier ou plan incliné mobile, sur lequel on s'appuie, et dont
l'élévation ou l'abaissement règlent ceux du tronc et des extrémités du malade dans la baignoire.

de vapeur, à la densité du fluide qui en est le véhicule. C'est pour cette raison que l'huile bouillante produit une escarre plus profonde que l'eau chauffée à la même température, et que tel supportera aisément la chaleur de l'air à une température donnée, qui aura peine à soutenir celle de l'eau commune dans des circonstances égales.

IV.

La douche, comme tous les autres remèdes, doit être en rapport avec les affections pour lesquelles on la prescrit ; sa qualité, sa force et sa durée doivent être réglées sur la nature et l'intensité du mal ; aussi serait-ce une erreur de penser, avec quelques personnes peu expérimentées, que ses effets sont d'autant plus énergiques qu'on la reçoit plus longtemps.

La seule impulsion de l'eau, suivant la hauteur de sa colonne, ainsi que le diamètre de l'ajutage, change déjà complétement sa manière d'agir ; et la direction imprimée au jet, de même que la position du malade qui le reçoit, influent considérablement sur les résultats qu'on doit en attendre. La pression exercée par l'eau et le choc produit sur la partie souffrante sont d'autant plus vifs que la colonne de liquide tombe plus perpendiculairement à la surface qu'elle frappe. Les malades négligent généralement ce principe, et, flattés par la sensation plus douce qu'ils éprouvent, ils disposent leurs membres d'une manière oblique à sa direction. La douche ne fait alors qu'effleurer la partie sur laquelle on voulait concentrer toute sa force, ses effets deviennent presque illusoires, et elle ne remplit qu'imparfaitement l'indication que l'on s'était proposée.

V.

Il est cependant des circonstances où, en administrant les eaux d'une manière douce et suivant une direction oblique, on obtient des effets avantageux. La douche qu'on prend dans ce cas, par *irrigation*, rentre dans le domaine des douches à faible courant ou *mitigées*, ce qui lui donne une façon d'agir et des propriétés spéciales. Comme le remède opère alors lentement, sans porter dans l'exercice des organes le trouble et le mouvement qui sont inséparables des douches à forte percussion, on peut en prolonger plus longtemps l'usage ; on les emploie ainsi de préférence dans les engorgements articulaires bornés à une petite étendue, dans les obstructions viscérales superficielles, dans les catarrhes chroniques accompagnés de spasmes, et dans les écoulements muqueux très-légers.

VI.

La prédilection ou la crainte du malade pour telle espèce de douche, de bain ou d'étuve, doivent en modifier l'emploi. Sans ajouter cependant trop d'importance aux effets que la frayeur produit chez des personnes jeunes et timides, à la vue de nos appareils de bains et des tourbillons de vapeurs qui les accompagnent, il est souvent nécessaire de temporiser et de ne les y amener que peu à peu. S'obstiner à leur faire surmonter les effets de cette terreur panique serait quelquefois très-dangereux ; car on a vu des femmes chez lesquelles ce sentiment était tellement fort, qu'elles suffoquaient en entrant dans la douche, sans qu'il fût possible d'attribuer ces accidents à d'autres causes qu'à l'extrême sensibilité ou à la répugnance.

VII.

Le climat et l'habitude exercent une influence particulière sur les bains. Les fastes de la médecine nous apprennent que plusieurs voyageurs qui supportaient très-bien le bain froid dans leur pays natal, ont succombé, à la suite de ces bains, dans des pays éloignés. Des Russes et des Finlandais auraient peine à supporter, dans nos climats, la chaleur de leurs étuves à 60° R., et le bain de glace, à 10° au-dessous de zéro. Souvent on a vu des personnes en santé prendre chez elles un bain d'eau naturelle, à 27, 28 et même 30 degrés R., qui ont peine à supporter les bains d'Aix, à des degrés de température bien inférieurs.

Réciproquement, l'habitude que l'on contracte à Aix, de se baigner quelquefois dans l'eau très-chaude, comparativement à celle à laquelle on était accoutumé, fait que plusieurs malades, de retour chez eux, doivent élever de beaucoup le degré de chaleur qu'ils donnaient auparavant à leurs bains.

Ces causes locales, ces différences plus ou moins saillantes, ces circonstances en apparence secondaires, n'échappent point à l'œil exercé du médecin ; et, bien qu'elles soient souvent inaperçues du public, elles n'en influent pas moins d'une manière positive sur la marche à suivre dans la cure d'eau thermale.

VIII.

Le bain tiède pouvant se composer à Aix de l'eau de plusieurs sources, chargées inégalement de principes médicamenteux, il serait facile de changer son action, ordinairement calmante et sédative, en une action irritante, dont l'influence deviendrait pernicieuse, si les organes du malade se trouvaient déjà dans un état de surexcitation. D'autre part, l'extrême sensibilité des femmes, la mollesse de leurs tissus,

doivent faire pressentir que les bains très-chauds, tels
que ceux qu'on prend à l'Etablissement, dans les
pièces appelées *Bouillons*, ou les bains très-froids, tels
qu'on les administre quelquefois dans la Douche Écossaise, doivent leur être prescrits avec une extrême
réserve.

IX.

En général, il n'est pas prudent de manger au bain :
en effet, l'énergie vitale se portant au dehors, par le
mouvement qui s'établit du centre à la circonférence,
le travail de la digestion pourrait troubler cet effort
salutaire, en agissant en sens inverse de l'effet qu'on
veut produire. Par une raison analogue, on voit qu'il
serait très-dangereux d'entrer dans l'eau lorsqu'on
sort du repas ; car l'estomac devient alors un centre
de fluxion, où les forces de la vie se concentrent et
où les liquides affluent de toutes parts ; ce ne serait
donc pas impunément qu'on intervertirait l'ordre de
la nature. La boisson du lait, du bouillon, du café
dans la douche ou l'étuve, n'a rien qui soit blâmable ;
elle favorise au contraire la sueur. Le même précepte
s'applique au déjeuner que nous permettons aux enfants, quand ils passent plusieurs heures dans la piscine à natation ; cependant, comme il est des cas où
la nourriture prise dans le bain serait nuisible, c'est

au médecin judicieux à décider quand il convient de s'en abstenir.

X.

Les personnes nerveuses et celles qui sont d'un tempérament sanguin tombent quelquefois en syncope pendant qu'elles prennent la douche. Cet accident ne doit point alarmer, pourvu qu'il ne soit pas trop souvent répété. La cause de ce phénomène existe dans l'impression que produit sur les poumons, et par sympathie sur les nerfs du cœur et du cerveau, un air chargé de vapeurs fétides et moins oxygéné que celui qu'on a coutume de respirer. Quelquefois il est dû à l'état saburral des premières voies, et exige, pour disparaître, l'emploi des laxatifs ; d'autres fois il est l'effet d'une colonne d'eau thermale trop chaude, imprudemment dirigée sur la région de l'estomac, ou au milieu de l'épine dorsale ; enfin, il peut être aussi le résultat d'affections organiques. Dans ce dernier cas, on doit discontinuer la douche. Il est généralement bon d'ailleurs d'en suspendre l'usage pour quelques jours, ou d'alterner avec les bains, les étuves, les douches locales, d'après les observations du médecin sur l'étiologie ou les causes cachées qui pourraient rendre l'effet des eaux dangereux.

XI.

Lorsqu'une affection morbide est ancienne, et qu'elle a jeté de profondes racines, elle exige plus de docilité de la part du malade, plus de constance dans le traitement ; la cure sera plus longue ; et c'est dans ce cas surtout que le remède, ainsi que l'a dit un auteur, doit *être chronique comme le mal*. On ne gagne rien alors à précipiter ; souvent, au contraire, on aggrave la maladie.

Si le retour vers la santé se fait longtemps attendre, si même il ne se montre point pendant l'usage des eaux, c'est que la fièvre thermale et l'agitation qu'elle produit dans l'organisme empêchent le malade d'en saisir les effets ; mais à peine ce tumulte s'est-il apaisé, à peine le calme a-t-il succédé aux réactions vitales, que les signes de la santé reparaissent.

La règle générale à suivre dans ce cas, est de continuer l'usage des eaux, tandis qu'elles ne fatiguent pas, et aussi longtemps qu'elles produisent de l'amélioration. Malheureusement on ne suit pas toujours les conseils dictés par l'expérience. Un grand nombre de malades, émerveillés d'un succès souvent inespéré, et voyant marcher rapidement la guérison, discontinuent trop vite l'emploi des eaux ; d'autres, peu confiants dans les lumières de leur médecin , se laissent aller au découragement, parce que les eaux n'opèrent pas au gré de leurs vœux ; d'autres enfin, poussés par le désir d'obtenir une guérison qui se fait trop attendre, dépassent, dans leur usage, les limites convenables , et commettent une foule d'excès , en prolongeant l'emploi des bains, des douches et des boissons minérales.

XII.

Un autre écueil dans lequel tombent facilement les étrangers qui viennent aux Eaux, c'est l'abandon facile et irréfléchi avec lequel ils se livrent aux conseils des donneurs d'avis qui , saus aucune connaissance en médecine, et sans avoir égard à l'âge , au sexe, au tempérament, prolongent souvent, par leurs prescriptions intempestives , des maux qui eussent cédé à un traitement rationnel, méthodique et éclairé.

XIII.

Souvent il arrive, par l'usage immodéré des eaux prises en boisson, que les évacuations alvines, au lieu d'être naturelles, prennent tous les caractères de la dyssenterie accompagnée de tiraillements d'entrailles, de nausées et de rapports fétides : il est pru-

dent dès lors d'en suspendre l'emploi, et il convient
de prendre des lavements d'amidon laudanisés, des
infusions mucilagineuses, amylacées, etc. Si l'irritation du tube digestif se propage, par sympathie, au
larynx, aux bronches, et, plus tard, au parenchyme
des poumons, on a recours aux saignées, aux applications calmantes, aux vapeurs émollientes et aux
autres moyens antiphlogistiques.

XIV.

Il survient quelquefois, par l'effet des eaux, de
petits boutons (*herpes plyctenodes*) ou de simples rou-
geurs (*erythema vulgaris*) sur diverses parties de la
peau. Ce symptôme est un effort de la nature qu'il
faudrait bien se garder de réprimer. L'irritation ré-
vulsive qui en est la suite ne peut manquer de produire d'heureux résultats, lorsqu'elle est maintenue
en de justes bornes. Connue sous le nom de *poussée
des eaux*, elle constitue même une sorte de crise artificielle qu'on regarde comme un objet important
de la cure, dans certaines eaux minérales, comme à
Louëch; et c'est pour éviter toute répercussion qu'il
est alors convenable de se tenir plus chaudement,
d'éviter la fraîcheur du soir et tout ce qui serait de
nature à supprimer cette éruption.

XV.

Un préjugé assez généralement répandu est celui-ci : *qu'on ne doit associer à l'usage des eaux aucun autre moyen thérapeutique intérieur ou extérieur* : cette opinion est loin d'être confirmée par l'expérience qui prouve, au contraire, qu'un certain nombre de cures exigent, outre l'emploi des eaux, celui de moyens auxiliaires : tels sont de légers purgatifs, quand il y a saburre ; des saignées, quand il y a pléthore ; des préparations narcotiques et antispasmodiques, dans les névroses ; l'iode, dans les scrofules et les engorgements atoniques des glandes. Enfin, des faits qui datent depuis longues années, dans la brillante pratique de mon père, lui ont prouvé de quel avantage était encore souvent l'électricité, associée aux secours que la médecine tire des eaux thermales, dans les dartres rebelles, l'épilepsie, les névralgies faciales ou tic douloureux ; et l'emploi du mercure dans les maladies vénériennes compliquées de scrofules, de goutte ou de rhumatisme.

Ces faits sont nouveaux pour la science, et c'est sous ce rapport que j'ai cru devoir les signaler à l'attention des gens de l'art, en entrant dans quelques détails propres à expliquer ce qu'ils paraissent avoir de paradoxal ou de contraire aux opinions reçues.

Il est vrai que la syphilis, les névroses et les affections scrofuleuses articulaires, avec engorgement
ou dépôt sans issue, lorsqu'elles sont traitées unique-
ment par les eaux, à la manière des rhumatismes, des
paralysies, des dermatoses, etc., sont toujours exas-
pérées au plus haut point ; mais ce sont ces faits
mêmes qui ont porté les médecins à chercher des
secours dans un autre ordre de remèdes.

Mon père est le premier qui ait associé, à Aix,
l'usage du mercure à celui des eaux, pour la guérison
des affections vénériennes, et l'on peut dire que ses
succès ont dépassé ses espérances. Les bains, la
boisson des eaux, la douche et l'étuve ; des préparations mercurielles, variées suivant l'âge, les goûts,
les habitudes du malade ; quelques pilules altérantes
et diaphorétiques, des boissons lénitives, de légers
laxatifs..., constituent toute sa méthode. C'est par ces
moyens simples, et modifiés d'après les circonstances,
qu'il est parvenu, après un traitement de cinq à six semaines, à faire disparaître les symptômes de la syphilis
devenue constitutionnelle, et caractérisée par des ulcères rongeants et serpigineux, des exostoses, des douleurs nocturnes ostéocopes, des bubons, des végétations
verrugueuses et autres ; la blennorrhagie syphilitique,
la carie, l'iritis, etc., symptômes qui avaient résisté jus-
que-là à tous les remèdes auxquels on avait eu recours.

Un fait très-remarquable dans cette médication par les eaux et le mercure, c'est l'absence presque constante de la salivation, malgré les doses souvent énormes de ce métal introduites dans le corps. Il ne peut s'expliquer que par l'abondance des sueurs qui, ne permettant pas au mercure de séjourner long-temps dans l'économie, l'empêche d'y exercer une action délétère ; ou aussi, peut-être, par une combinaison chimique qui transformerait en sulfure le mercure et le soufre absorbés. On sait en effet que l'action du cinabre sur le corps humain diffère essentiellement de celle du mercure à l'état d'oxyde ou à l'état de sel. Ce fait, qui est parfaitement d'accord avec l'observation des célèbres professeurs Cullerier, Chrétien, Earle et Lawrence, prouve que la salivation, qu'on croyait jadis si nécessaire au traitement de la syphilis, ne doit plus être regardée que comme un résultat secondaire, qu'il est bon de faire cesser dans la plupart des cas, ne fût-ce que pour épargner aux malades les effets pernicieux que cette sécrétion morbide exerce spécialement sur la membrane alvéolaire.

Un autre genre d'affection, traité avec beaucoup de succès à Aix, est celui des maladies nerveuses caractérisées par des rétractions spasmodiques des membres, suite de l'exaltation de la sensibilité générale, et procurées par des frayeurs ou autres causes

subites agissant sur le système cérébral. La méthode
de mon père, pour traiter ces sortes de maladies, consiste dans une sage combinaison de l'emploi des eaux
thermales, sous différentes formes, avec la douche
écossaise, le galvanisme et l'électricité. J'ai vu moi-
même assez de cas frappants d'hémicrânies, de tics douloureux et d'affections erratiques nerveuses, guéris
par ces moyens, pour penser que, s'il existe un spécifique pour les maux de ce genre, c'est dans l'électro-
galvanisme, joint à l'action des eaux, qu'il convient
de le chercher.

On ne saurait donc trop appeler l'attention des
savants sur ce genre d'étude, qui semble promettre,
à la génération qui commence, de si beaux résultats
pour la guérison des maladies dont on ne s'occupait
presque autrefois que comme d'un point historique
de l'art, et sur la nature desquelles les découvertes
de Gall, Spurzeim, Magendie, Flourens, Rolando,
Georget, Alexandre Bertrand, Desmoulins, ont déjà
fourni des données si précieuses.

De la cure d'eau thermale.

Saison des eaux. — Rien ne règle mieux le temps
où l'on doit venir aux Eaux d'Aix que la saison du
printemps. On peut s'y rendre de bonne heure, toutes
les fois qu'elle n'a pas été pluvieuse et que les neiges

n'ont pas été fort abondantes. On y viendra un peu plus tard lorsque le printemps aura été froid et humide. Les mois d'avril et de mai sont souvent bien assez chauds et devraient être préférés par ceux qui redoutent la foule et l'encombrement. Cependant on peut faire usage des eaux dans toutes les saisons, pourvu qu'on prenne les précautions nécessaires pour se garantir du froid et des variations atmosphériques. Il n'y a pas d'année que plusieurs malades n'y passent tout l'hiver, comme cela se pratique à Bath, bien que la chaleur des eaux ne soit pas aussi forte qu'à Aix, et jamais ils n'ont eu lieu de s'en repentir, lorsqu'ils l'ont fait d'après l'avis d'un médecin éclairé. Il est des cas impérieux où il serait même imprudent d'attendre une époque plus éloignée ; tels sont les cas de paralysie récente, sans turgescence à la tête, et d'affections nerveuses anomales. Les rhumatisants surtout doivent préférer, pour se rendre aux Eaux, la saison printanière ; tandis que les personnes qui ont à redouter les congestions sanguines au cerveau font mieux d'y venir en automne, plutôt qu'au milieu de l'été. Le printemps n'est pas non plus favorable pour elles, à cause du mouvement vital qui s'opère dans le corps à cette époque de l'année.

Précautions à prendre avant l'usage des eaux.

Bien qu'il soit bon de se préparer au traitement thermal par des remèdes généraux, surtout si la maladie est de nature grave, il est plus essentiel encore, peut-être, de se tenir en garde contre l'ignorance et la routine, qui prescrivent généralement l'emploi des purgatifs ou de la saignée. L'expérience confirme chaque jour que les purgatifs sont nuisibles lorsque les fonctions digestives se font selon l'ordre de la nature. Seulement, toutes les fois qu'un malade n'est pas d'une constitution très-irritable et qu'il existe chez lui des symptômes d'embarras gastrique ou intestinal, il faut, avant de prendre les eaux, faire disparaître ces accidents par quelques évacuations alvines. On emploie dans ce but les sels neutres, tels que les sulfates de magnésie, de potasse, de soude, à la dose d'une demi-once à une once, dissous dans du bouillon aux herbes.

L'ouverture de la veine, dont on fait un si fréquent usage dans certaines contrées, est ici le plus souvent inutile. C'est seulement dans le cas d'une constitution pléthorique, d'une disposition à l'apoplexie, d'une évacuation sanguine supprimée, d'une habitude dès longtemps contractée de ce moyen, que l'on doit se permettre de pratiquer la saignée.

Les personnes nerveuses et toutes celles qui ont une tendance à l'irritation feront bien de se préparer à l'usage des eaux d'Aix, en prenant, avant d'y venir, plusieurs bains tièdes d'eau commune. Il serait même bien, pour celles qui ont le système sensitif extrêmement développé, qu'elles fissent préalablement une cure de petit-lait.

Enfin, dans le but de calmer l'excitation produite par le voyage, avant de commencer le traitement on devrait se reposer deux ou trois jours, pendant lesquels on prendrait quelques boissons rafraîchissantes.

Durée du traitement. — La durée de chaque cure ne saurait être précisée, et dépend entièrement de l'état où se trouve le malade. En général, on peut dire qu'une cure de 20 à 30 jours est beaucoup trop courte pour des maux enracinés et opiniâtres. Il conviendrait souvent d'administrer les eaux à plus petite dose, d'une manière plus douce, et d'en prolonger l'usage, ainsi que le remarquent Bordeu, Monrò, Guersant, Saunders et Alibert.

Lorsque le mal a quelque intensité, il est rare qu'on ne soit pas obligé de revenir aux Eaux plusieurs fois dans la même année. C'est ce qu'on appelle faire une, deux ou trois *cures* ou *saisons*. Dans ce cas, si l'état des forces le permet, on a coutume de profiter de l'intervalle d'une cure à l'autre pour faire

quelques voyages, que favorise singulièrement la
situation d'Aix, à la portée des régions Alpines les
plus fréquentées par les curieux. On pourra choisir
parmi les excursions suivantes, qui ne prennent pas
plus de deux ou trois jours :

1° *Chamouny*, par Annecy, Bonneville, Saint-Gervais,
et retour par Martigny et le Chablais ; ou *vice versâ*.

2° *Genève*, par Annecy et le pont de la Caille ; le tour
du lac Léman, le pays de Vaud ; retour par Rumilly.

3° *La grande Chartreuse*, par Chambéry, la Grotte,
les Echelles ; retour par Grenoble, et la vallée de
Graisivaudan.

4° *Belley*, par le Bourget, le Mont-du-Chat, Yenne,
le Pont de la Balme ; retour par Seyssel et la
Chautagne.

5° *Tarentaise*, par la vallée de Savoie, Albertville,
Moûtiers, les Etablissements royaux des mines et
salines, les bains de Brides ; et retour par Faverges
et Annecy.

6° *La vallée des Bauges*, par Saint-Pierre, le Col du
Frêne ; retour par le pont du Diable et la grotte de
Bange.

7° *Lyon*, par le bateau à vapeur ; retour par Bourg,
Nantua, la Perte du Rhône et Seyssel ; ou par le
Pont-de-Beauvoisin et la grotte des Echelles.

8° *Turin*, par la Maurienne, le Mont-Cenis ; et retour par

la vallée d'Aoste et le petit ou le grand Saint-Bernard.

Comme les bains commencent à être assez fréquentés dès le mois de mai, et ne cessent de l'être qu'en novembre, plusieurs étrangers poussent leurs excursions beaucoup plus loin. Il n'est pas rare d'en voir partir d'Aix, au mois de juin, pour aller parcourir la Suisse, passer le Simplon, visiter les îles Borromées, Milan, Gênes, une grande partie de la Lombardie et du Piémont, et revenir encore prendre les eaux au mois d'août ou de septembre, en regagnant la Savoie, par Turin, Suze et le Mont-Cenis.

Convalescence des eaux et précautions à prendre après le traitement.—Le malade serait dans l'erreur si, après avoir achevé son traitement à Aix, il croyait n'avoir plus rien à faire pour en conserver les fruits.

On peut comparer le temps de la cure à une longue maladie, composée d'autant d'accès de fièvre que le malade a pris de douches, et le temps qui la suit à une convalescence; mais, comme dans toute affection morbide la convalescence est proportionnée à la durée de cette affection, de même aussi la fièvre artificielle que procurent les bains est-elle suivie d'un état intermédiaire qui n'est ni celui de santé, ni celui de maladie, que nous nommons *convalescence des eaux*, et dont la durée est proportionnée à la longueur de la cure elle-même.

En général, le malade doit observer, pendant la convalescence, les mêmes précautions et le même régime qui lui ont été prescrits durant le traitement. Il faut donc qu'il suive les principes hygiéniques développés au commencement de ce chapitre, sur lesquels je ne reviendrai pas; mais surtout qu'il évite les causes de refroidissement et les excès en tout genre, afin de ne pas s'opposer au travail insensible qui s'opère dans l'organisme, par suite de l'administration des eaux. Il n'est pas rare que pendant cet intervalle il se manifeste des symptômes de saburre gastrique, tels que la perte de l'appétit, des nausées et l'enduit blanchâtre de la langue ; l'on fait aisément disparaître ces malaises par un ou deux légers purgatifs, au nombre desquels sont : la crème de tartre, l'huile de ricin, les sulfates de soude, de potasse et de magnésie.

La répétition journalière des douches, des bains ou des étuves, détermine chez le malade des mouvements que j'appellerai volontiers *fébriles thermaux*, dont l'effet se continue longtemps : aussi, de retour chez lui, éprouve-t-il une disposition à suer, aux époques de la journée où il suait à Aix, particulièrement s'il a soin de rester au lit, et s'il use de boissons légèrement diaphorétiques.

C'est à ce phénomène, qui se vérifie constamment,

du plus au moins, après une cure méthodique et régulière, qu'on doit, en partie, attribuer ces guérisons qui surprennent, arrivées quelques semaines après l'usage des eaux, dans les cas de sciatiques fort anciennes, d'engorgements articulaires, de rhumatismes erratiques et autres affections, que le traitement thermal semblait avoir exaspérés.

Une chose sur laquelle j'insisterai beaucoup, lorsque le malade est de retour chez lui, c'est la nécessité d'un repos de plusieurs jours avant de reprendre le courant des affaires ; surtout lorsque ses occupations sont de nature fatigante : l'énervation, quoique faible, mais journalière qui en résulte, avant que l'effet des eaux soit entièrement produit, est de nature à retarder singulièrement la guérison.

Quant aux soins diététiques, il convient d'y apporter une attention spéciale, lorsque la *poussée des eaux* s'est effectuée d'une manière tardive ; car alors le travail de dépuration n'étant pas complet, si la répercussion de l'exanthème a lieu, elle est presque toujours suivie d'accidents funestes. Enfin, on ne doit discontinuer ce régime et ces soins qu'après un certain laps de temps, et lorsque la disposition aux sueurs spontanées a complétement disparu. On évitera, par ce moyen, des rechutes d'autant plus faciles et dangereuses, pendant la convalescence, que le

mal reparaissant avec une violence nouvelle, trouve
des organes plus affaiblis et moins disposés aux
réactions vitales.

Je terminerai en engageant les personnes qui ont
fait usage des eaux, surtout dans l'arrière-saison, à
passer l'hiver suivant dans un climat chaud. D'après
Guersant et *Alibert*, rien n'est plus propre à assurer
les résultats heureux d'une cure faite aux eaux thermales. Sous ce rapport, je recommanderai particulièrement celui de Nice, dont j'ai fait une étude spéciale. Le principal caractère de ce climat, qui est
d'être sec et chaud, fait qu'il convient surtout aux
personnes convalescentes, à celles d'un tempérament
lymphatique, ou qui sont atteintes de rhumatisme,
goutte chronique, catarrhe invétéré, rachitisme, scrofules, affections œdémateuses, en un mot, dans toutes
les maladies qui s'aggravent par un temps humide et
froid. C'est, en effet, dans les affections provenant
d'une atonie générale, bien plus encore que dans la
phthisie pulmonaire, qu'on doit préférer Nice, Hyè-
res et Naples à Pise, à Rome et à Pau.

Parmi les malades que j'ai vus à Nice, j'en ai ren-
contré plusieurs qui y avaient été envoyés par leur
médecin, après avoir pris les eaux sulfureuses d'Allemagne, des Pyrénées ou d'Aix en Savoie. Tous ont
eu lieu de se louer de son délicieux climat. L'exer-

cice à pied et en plein air que permet le séjour de
Nice, dans une saison où ailleurs il serait dangereux,
doit en grande partie contribuer aux bons effets
qu'on en retire. Sauf quelques jours de pluie en novembre, et quelques coups de vent en mars, on y est
frappé de l'inaltérable beauté du ciel.

Cette contrée représente par sa forme une ellipse.
Elle est ouverte et baignée au midi par la Méditerra-
née, et circonscrite, dans le reste de son étendue, par
un triple amphithéâtre de montagnes. Les Alpes et
les Apennins concourent à l'entourer de ce réseau
qui la protége au nord, à l'est et à l'ouest.

C'est à cette circonstance qu'elle doit la richesse
de sa végétation. C'est avec raison qu'on l'a surnom-
mée la serre chaude de l'Europe. Le cactus, l'oran-
ger, l'arbousier, la canne à sucre, le palmier y pros-
pèrent en pleine terre, et donnent à ce pays si inté-
ressant une physionomie presque orientale.

———

Ce travail serait incomplet si je ne donnais pas ici
les indications nécessaires pour guider le géologue et
l'antiquaire dans la recherche des richesses qui les
intéressent et qu'on trouve à Aix et dans ses environs.

Les montagnes et les vallées voisines offrent le champ le plus vaste aux recherches et aux méditations du géologue.

Toutes les montagnes environnantes sont de calcaire compacte. D'après les géologues modernes, ce calcaire appartient à la formation des terrains crétacés, laquelle constitue la majeure partie des chaînes des contre-forts des Alpes, sur la rive gauche du Rhône, et recouvre les couches les plus récentes du système jurassique. Elles ont leurs couches de stratification inclinées vers l'est, sous un angle qui varie de deux à quarante-cinq degrés ; leur direction paraît se rapporter du nord-nord-est au sud-sud-ouest.

Les coquilles qu'on y rencontre le plus communément sont : des *ammonites*, des *belemnites*, des *échinites*, des *térébratules*, des *baculites*, des *gryphites*, etc. Sur la montagne de Beauregard, ces débris fossiles sont siliceux, à cassure conchoïde, et se trouvent enveloppés d'une gangue calcaire. Ils m'ont offert beaucoup d'analogie avec ceux que j'ai rencontrés dans les plaines de Salisbury, près du monument druidique appelé *Stone-Hange*.

Voici, d'après M. Mayor, de Genève, les variétés d'ammonites qu'il a trouvées au Mont-du-Chat :

Ammonites discoidius, communis, planulatus, vulgaris, crassus, molabilis, Gervillii, tumidus, Vidalii, macro- cephalus, Herveyi, lenticularis, armatus.

Le coteau de Tresserve, qui s'élève au centre de la vallée, appartient aux étages supérieurs de la for- mation tertiaire; il se compose de grès tendre ou *mollasse*, qu'on utilise pour des âtres de cheminées : ses grains examinés à la loupe semblent être de quartz hyalin, de granit, de mica, de diabase et d'amphibole.

La plupart des cailloux qu'on rencontre dans la plaine sont granitiques; les autres sont formés de quartz, gneiss, siénite, diabase, amphibole, feldspath, alumine et mica. Ils sont tous arrondis, et leur gros- seur variable dépasse rarement deux décimètres cu- bes. C'est dans ces cailloux, entassés sur une épais- seur considérable, à l'extrémité méridionale du bassin d'Aix, territoire de Sonnaz, que se trouve un banc de lignite, de deux mètres d'épaisseur, formé de deux couches séparées par une assise argileuse, reposant sur une marne coquillière, et présentant lui-même de nombreux débris de troncs d'arbres aplatis et de végétaux herbacés. Ce combustible, qui se retrouve à la Mothe-Servolex, etc., est parfaitement analogue aux lignites de la Tour-du-Pin en Dauphiné, et de- vient, depuis quelques années, pour la consommation de Chambéry, l'objet d'une exploitation importante.

13

La formation et la descente de ces cailloux roulés remontent sans doute à la dernière époque des soulèvements auxquels les Alpes occidentales doivent leur configuration actuelle, et que M. Elie de Beaumont a si bien établie dans son Mémoire sur les révolutions de la surface du globe.

La nature, toujours admirable dans ses œuvres, a su tirer parti de ses convulsions souterraines, de la dislocation des rochers et du croisement des montagnes, pour varier à l'infini les sites, et pour embellir ses paysages.

DESCRIPTION DES ANTIQUITÉS ROMAINES.

Je crois être agréable à l'antiquaire, en lui donnant la description suivante.

Les eaux d'Aix ont été appelées successivement *Aquæ Allobrogum*, *Aquæ Domitiæ*, *Aquæ Gratianæ*. Leurs qualités précieuses et leur situation dans une vallée riante et fertile, entre Chambéry (*Lemnicum*) et Genève, sur un embranchement de grandes voies romaines qui traversaient les Alpes, furent sans doute des motifs qui engagèrent les anciens à y ériger les monuments dont nous admirons les vestiges.

Au rapport de Cabias, ce fut un des proconsuls de Jules-César, nommé Domitius, qui y fit construire

les premiers bains, après la victoire qu'il remporta
sur les Allobroges, l'an 628 de Rome. Ces bains furent successivement embellis et restaurés par les pré-
fets de la province romaine, et l'importance en fut
telle qu'ils conservent, jusque dans leurs ruines, des
traces de grandeur et de magnificence.

Bains romains. — Ceux que l'on a découverts sous
la maison Perrier-Chabert, et qu'on désigne sous le
nom de *Vaporarium romain*; sont sans contredit les
plus remarquables.

Pour se faire une idée exacte de ces constructions
souterraines, qu'on se représente d'abord une vaste
étendue de sol affermi par plusieurs couches de ciment. Sur ce sol sont rangés parallèlement un grand
nombre de piliers en briques tantôt ronds, tantôt
carrés et tantôt demi-circulaires, qui supportent une
série de bains.

Le mieux conservé de tous est celui qu'on nomme
vulgairement *Bain de César*. Il paraît avoir servi principalement de piscine, et offre environ 15 mètres carrés de surface. Sa forme est celle d'un octogone irrégu-
lier. Tout autour sont des *scallaria* ou gradins, revêtus
de marbre blanc. A l'Est se trouve un bloc de ciment,
aussi revêtu de marbre, et imitant un tronçon de
colonne, vraisemblablement destiné à supporter
quelque statue. Un trou existe au bas de ce piédes-

tal, et l'inclinaison du sol du bain indique évidemment que par cet endroit avait lieu l'écoulement des eaux.

Le bain tout entier est supporté par une centaine de piliers quadrangulaires, autour desquels règne un corridor, où circulaient les eaux, ainsi que dans l'espace compris entre les piliers. Sur les faces Est et Ouest de cette galerie, le mur décrit des segments de cercle qui servaient peut-être à exciter dans le liquide un tourbillonnement propre au dégagement des vapeurs. Le plafond du corridor est percé d'une multitude de petites cheminées rectangulaires, faites en terre cuite, communiquant entre elles et ayant 12 centim. sur 5 cent. d'ouverture, et 1 mèt. 14 cent. de hauteur. Un grand nombre de tuyaux de cette espèce introduisaient la vapeur dans la portion supérieure de la piscine, disposition qui pourrait faire supposer que cette pièce servait à la fois d'étuve et de bain d'immersion.

La plupart des larges briques dont se compose ce massif portent en relief l'inscription *Clarianus*, qui paraît être le nom du fabricant : on lit sur quelques-unes *Clarianus cisal*, ou *Cæsar censem*, et sur d'autres, *Claria numada*. L'élégante proportion des lettres indique une époque rapprochée du beau siècle d'Auguste.

Diverses remarques intéressantes, faites sur ce bain et ceux qui l'entourent, méritent d'être citées :

1° On observe dans la partie inférieure que les pieds des piliers qui plongeaient dans l'eau sont demeurés presque intacts, tandis que la portion la plus élevée, mouillée seulement par la vapeur, a été fortement corrodée.

2° Tant que ces diverses constructions se sont trouvées à l'abri de l'air extérieur, rien n'a pu altérer leur solidité ; mais dès qu'un libre accès lui a été ouvert par les excavations qu'on y a faites, un grand nombre de briques ont commencé à se détériorer.

3° Lors des premières fouilles qui eurent lieu en 1779, on découvrit un espace de huit mètres carrés, entièrement dépourvu de piliers. Le plafond, comme suspendu en l'air, résistait au poids énorme du bain supérieur et de la maison qui avait été bâtie au-dessus. On a même reconnu depuis lors qu'une portion des murs de la ville portait sur le pavé d'un autre bain, dépourvu d'appui comme le précédent.

4° Quelques bains particuliers, existant aux environs du vaporarium, ont fait découvrir une couche de charbon pilé, placée entre le sol et la maçonnerie, ce qui prouve que les anciens n'étaient pas étrangers à ce moyen de conserver la chaleur des eaux.

5° Les plaques de marbre qui formaient les revêtements intérieurs, sont recouvertes en plusieurs endroits d'une espèce de mastic, mélangé de fragments de briques. Un fait analogue a été observé aux anciens bains de Néris, par le docteur Boirot-Desserviers, et il paraît assez probable que ce stuc fut placé après coup par les Romains, et lorsque le besoin d'empêcher la filtration des eaux ou la détérioration des marbres en eut fait concevoir la nécessité.

6° Les recherches faites, en l'an IX, par M. Albanis Beaumont, ont démontré que ces constructions n'étaient qu'une faible partie d'un édifice extrêmement vaste, qui embrassait, dans son ensemble, la plus grande partie de l'emplacement occupé aujourd'hui par la ville. D'après cet archéologue, les Thermes d'Aix, de même que ceux de Titus, de Domitien, de Caracalla et autres bains célèbres de l'antiquité, avaient leur entrée principale, leur enceinte, leur piscine, leur *Apoditerium, Tepidarium,* leur *Eleotherium,* etc.

Le *Vaporarium* et plusieurs autres bains trouvés sous les maisons voisines étaient alimentés par la source dite d'*Alun.* L'eau, après avoir parcouru les galeries dont les restes sont au-dessous de la maison Perrier, tombait dans l'emplacement qu'occupe aujourd'hui le grand bassin, nommé *Bain Royal*[1]. On

[1] Cabias dit que ce bain a pris le nom de Bain-Royal, de-

voyait, il y a peu d'années, au milieu de ce bassin, un reste de piédestal ou socle, qui portait sans doute la statue de quelque divinité ; de là l'eau passait par des conduits souterrains, hors de la ville, où elle servait, dit Cabias, à baigner les chevaux et autres animaux domestiques.

Non loin de ces bains, et à égale distance des deux sources, s'élève l'*Arc de Campanus*. Ce monument, qui fait encore, par sa belle conservation, un des embellissements actuels de la ville d'Aix, était placé sur la voie des Thermes. Sa structure, où l'artiste a su allier la simplicité et l'élégance des ordres dorique et ionique, présente déjà quelques traces de la décadence des arts.

Sa longueur, prise en dehors, est de 6 mèt. 71 ; sa plus grande élévation, non compris la portion maintenant cachée dans la terre, de 9 mèt. 16 ; le diamètre de l'ouverture de l'arc, de 3 mèt. 23 ; et l'attique, y comprise la plinthe, est aussi haut que tout l'entablement.

La corniche n'a ni l'épaisseur, ni la saillie prescrites par les règles d'architecture, ce qui fait penser qu'elle a subi diverses mutilations : suivant M. Deloche,

puis que Henri IV s'y est baigné, en 1600, avec les seigneurs de sa suite, lors de son séjour en Savoie, par suite de ses différends avec les cours d'Espagne et de Turin.

l'architrave aurait disparu sous le marteau, pour faire place aux *plates-bandes*, où sont inscrits les noms des personnes auxquelles cet arc fut consacré.

La frise présente sur sa face Ouest huit niches (*Columbaria*) qui, selon quelques antiquaires, devaient renfermer des moulures en bronze ou des métopes; et, selon d'autres, les urnes cinéraires ou les effigies des personnages dont les noms sont sculptés au-dessus.

Les inscriptions gravées sur l'attique et sur l'architrave forment autant de dédicaces, en l'honneur des membres de la famille Pompéia. Les voici avec leur traduction.

Sur l'attique :

POMPEIO CAMPANO AVO A PATRE.

A Pompéius Campanus, grand-père du côté paternel.

CAIAE SECVNDIN. AVIAE A PATRE.

A Caïa Secundina, grand'mère du côté paternel.

POMPEIAE MAXIMAE SORORI.

A Pompéia Maxima, sa sœur.

POMPEIO CAMPANO FRATRI.

A Pompéius Campanus, son frère [1].

Sur l'architrave :

D. VALERIO GRATO.

A Décius Valérius Gratus.

[1] Deux inscriptions, placées sur le monument à la droite de celles-ci, sont illisibles.

CAIO AGRICOLAE.

A Caïus Agricola.

POMPEIAE L. SECVNDIN. AMITAE.

A Pompéia Lucia Secundina, la tante.

C. POMPEIO JVSTO PATRI ET PARENTIBVS.

A Caïus Pompéius Justus, le père, et à ses parents.

VOLVNTILIAE C. SENTIAE AVAE AMATAE.

A Voluntilia Caïa Sentia, aïeule chérie.

C. SENTIO IVSTO AVO AMATO.

A Caïus Sentius Justus, aïeul chéri.

T. CANNVTIO ATTICO PERPESSO.

A Titius Cannutius Atticus Perpessus.

L. POMPEIO CAMPANO CAMPANI ET SENTIAE FIL.

A Lucius Pompéius Campanus, fils de Campanus et de Sentia.

Sous l'architrave :

L. POMPEIVS CAMPANVS VIVVS FECIT.

*Lucius Pompéius Campanus, de son vivant, fit ériger
ce monument.*

Selon la coutume des Romains, tout près des thermes se trouve un temple. C'est cet édifice que l'on nomme aujourd'hui le *Temple de Diane*, et que l'on voit à quelques pas de l'Arc de Campanus, dans l'enceinte du château du marquis d'Aix. Quoique enfoui dans la terre, jusqu'au tiers de sa hauteur, il est accessible en dehors, par le presbytère, et en dedans, par l'entrée du théâtre.

13.

Sa structure est à la fois solide et élégante ; elle est composée de gros quartiers de pierre, régulièrement superposés les uns sur les autres, sans ciment. Ce genre de construction, connu sous le nom d'*iso-domum*, pour le distinguer de l'architecture *pélasgique*, ou des constructions *cyclopéennes*, qui sont formées de polygones irréguliers, se rencontre dans presque tous les monuments publics qui nous sont restés des beaux siècles de l'empire romain. Tels sont la Maison-Carrée, les Arènes et le Temple de Nîmes, les amphithéâtres de Vérone, d'Autun et d'Arles, l'Arc de Suze, celui d'Aoste, etc. Il n'existe de ce temple que la face postérieure et la majeure partie des deux faces latérales. Il se composait d'un *pronaos* ou vestibule et d'un sanctuaire ou *cella*. Le mur qui séparait le vestibule du sanctuaire est visible dans ses deux arrachements attenant aux murs latéraux. Quant à la façade antérieure, il n'en existe aucune partie ; il est difficile de déterminer si elle était formée, suivant l'usage, d'un porche à colonnes ou d'un mur seulement percé d'une porte, comme au temple de Diane à Nîmes. La grande épaisseur des murs du vestibule ne permet pas de supposer l'emploi de pilastres en tête des murs ; d'ailleurs, il n'en existe pas aux angles de la façade postérieure, particularité que M. Chenavard, architecte distingué de

Lyon, m'a signalée comme un fait très-remarquable.

La largeur extérieure du temple est de 13 mèt. 40 c., la largeur intérieure, mesurée entre les deux architraves visibles des murs du *pronaos*, est de 10 mèt. 70 c. La longueur intérieure de la *cella* est de 10 mèt. 70 c. La longueur de la partie restante des murs du vestibule est de 3 mèt. 24 c. L'épaisseur du mur de séparation, entre les deux parties du temple, est de 75 centimètres.

L'entablement est composé d'une architrave de 60 c. de hauteur, d'une frise de 63 c. de hauteur, et d'une corniche de 60 c. de hauteur. La corniche est composée de deux grandes doucines; on n'y remarque pas de larmier, et sa hauteur, au mur postérieur sur lequel s'élevait le fronton dont on voit les pierres, est la même que sur les faces latérales, contrairement aux dispositions habituelles, ce qui rend problématique la manière dont la corniche rampante aboutit sur la corniche horizontale, à moins qu'on me suppose que ce raccordement se fasse de la même manière qu'au grand temple de Pestum et à celui de la Concorde à Agrigente.

Sur les trois filets de l'architrave on remarque une saillie angulaire, semblable à celle que présente le théâtre de Marcellus à Rome. Cette précaution de l'architecte, comme le remarque Vitruve, a pour effet de remédier à une illusion d'optique qui tend à faire paraître inclinées en avant les surfaces verticales, et à faire détacher l'avant-corps du reste de l'édifice.

Vestiges d'autres monuments. — Outre les restes des monuments que nous venons d'indiquer, on en a découvert beaucoup d'autres, tels que mosaïques, amphores, marbres divers, serpentine antique, porphyre d'Egypte ; des fragments de bas-reliefs, de statues et de colonnes ; des médailles, dont la plupart sont des deux premiers siècles de l'ère chrétienne ; enfin un cadran antique ou *gnomon*, creusé en cône, dans un bloc de travertin, dont voici les proportions :

Largeur de la face, 54 centimètres.

Hauteur totale, 52 cent.

Saillie de derrière à l'avant, prise à la base, 44 c.

La saillie à la partie supérieure ne peut être précisée, les deux cornes du demi-cercle étant frustes.

Ce cadran, d'après l'usage des Romains, se trouve divisé en douze parties égales par les lignes horaires. Ces lignes servaient pour toutes les saisons, de manière cependant que l'intervalle qui marquait les heures en hiver, était plus court que celui qui correspondait à celles de l'été. L'ombre du style traçait cette différence par le plus ou le moins de longueur de sa projection. Aux extrémités supérieure et inférieure de la coquille formée par la surface concave du gnomon, se trouvent deux segments de cercle qui indiquent les deux termes annuels de la route du soleil ; un troisième, placé au centre, marque la ligne de l'équateur ou de l'équinoxe.

On voit encore aujourd'hui ce reste précieux, ainsi que plusieurs autres antiquités, dans les jardins de M. Chabert, qui se fait un plaisir de les montrer à l'étranger.

Ce n'est pas seulement à Aix, mais encore à Saint-Innocent, au Vivur, à Albens, à Chambéry, à Conflans et autres lieux environnants, qu'on a trouvé de nombreuses places d'antiquités romaines.

Je ne pense pas pouvoir mieux terminer qu'en montrant ici combien la Savoie est riche en sources d'eaux minérales.

EAUX MINERALES.

On compte en Savoie près de quarante sources d'eaux minérales, dont neuf seulement sont thermales.

Sources minérales chaudes.

Aix-les-Bains (température de 40 à 45 degrés cent., 5 à 6 mille étrangers par an). — *Saint-Gervais*, en Faucigny, source saline gazeuse (chaleur, 27 degrés cent., 400 baigneurs). — *La-Perrière* ou *Brides*, eau saline magnésienne (chaleur, 28 à 30 degrés cent., 300 baigneurs). — *Salins*, près Moûtiers, contenant de l'iode, du brome et beaucoup de muriate de soude (chaleur, de 30 à 38 degrés cent., 400 baigneurs annuellement). — *Œchaillon* en Maurienne, eau sulfureuse saline (chaleur, 40 degrés cent., 100 baigneurs). *Bonneval* en Tarentaise, eau acidule thermale, peu fréquentée (chaleur, 45 degrés cent.) — *Petit-Bornand*, dans la province du Genevois, eau sulfureuse peu utilisée (chaleur, 24 degrés cent.). — *La Caille*, près Cruseilles, eau sulfureuse, fréquentée par les gens du pays (chaleur, 30 degrés cent.). *Menthon*, eau sulfureuse, de nos jours presque tombée dans l'oubli, mais fréquentée au temps des Romains, ainsi que le prouvent les restes d'anciens thermes (chaleur, 46 degrés cent.).

Sources minérales froides.

Aix, eau sulfureuse alcaline, iodurée et bromurée, dite de *Marlioz*. — Source ferrugineuse crénatée gazeuse de *Saint-Simon*. — *La Boisse*, près de Chambéry, source martiale. — *Amphion*, eau ferrugineuse, qui doit en grande partie sa réputation à l'ancienne prédilection des princes de Savoie. — Eau de *Rutteney*, légèrement ferrugineuse; — de *Féterne*, acidule froide. — Eau de *Bromine* (commune de Silingl), sulfureuse tiède; — de *Bois-Plan*, près Chambéry, acidule martiale; — de *Plan-Champ* (commune de Thusy), *id.*; — d'*Etrambières*, sulfureuse froide. — A *Marèlaz*, à *Arache*, à *Mathoney*, au *Mont-Cenis*, à la *Ferranche*, près Château-Neuf, sources ferrugineuses; à *Challes*, eau sulfureuse purgative.

INDICATEUR GÉNÉRAL

ET

RENSEIGNEMENTS DIVERS.

INDICATEUR GÉNÉRAL.

—

NOURRITURE ET LOGEMENT.

L'étranger trouve à Aix toutes les facilités qu'on peut désirer ; plus de quarante maisons garnies, des tables d'hôte et des pensions à tout prix. — La nourriture et le logement coûtent, prix moyen, 6 à 7 francs par jour ; on en trouve aussi à 4 ou 5 francs, et même au-dessous. Les chambres garnies sont de 2 ou 3 francs dans les hôtels et maisons bourgeoises tenant pension. Un appartement de cinq à six pièces, avec salon, cuisine, écurie, remise, coûte de 15 à 30 francs par jour. On nourrit également à domicile. L'on peut encore tenir son ménage, en amenant ses domestiques, ou en se procurant une cuisinière du pays.

DU PRIX DES EAUX.

Les bains de piscine et autres coûtent 1 franc sans linge. — Les étuves et la douche avec doucheurs et porteurs varient de 1 fr. 50 à 2 francs. — Les étrangers ne payent que la moitié de ce prix, s'ils ont un certificat d'indigence visé par le maire et le préfet, et qu'ils consignent 30 francs chez le caissier des bains. (La mendicité étant interdite à Aix, ces 30 francs sont pour acquitter les frais de séjour.)

PHARMACIES.

Pichon, rue des Bains.
Bocquin, sur la Place.
Les sœurs de St.-Joseph, à l'Hospice.

CABINET DE LECTURE, LIBRAIRIE ET PAPETERIE.

M. Henri Bolliet, sur la Place, près du café Jacotot.

M... N...

BANQUE D'ESCOMPTE ET RECOUVREMENT.

Comptoirs d'escompte établis à Aix.

M. Domenget, sur la Place.

MM. Antonioz et Gillet, rue des Bains.

MOYENS DE TRANSPORT.

Bureau des Messageries nationales.

Voitures de   Paris à Aix en 28 heures.

»   de   Lyon à Aix en 12 »

»   de Grenoble à Aix en 8 »

»   de Genève à Aix en 8 »

Bateaux à vapeur.

Les Hirondelles, de Lyon à Aix en un seul jour, et retou
six heures. Départ de Lyon tous les mardis, jeudis, same
départ d'Aix les lundis, mercredis, samedis.

Ces bateaux font le tour du lac (relâchant à Hauteco
chaque dimanche.

Omnibus pour Chambéry.

Trois départs par jour d'Aix, le matin à 6 heures
11 heures; le soir, à 8 heures.

De Chambéry à 9 heures du matin, et à 3 et 4 heures d
près-midi.

Omnibus pour la source de Marlioz.

Six départs par jour.

Voiture pour Genève passant par Rumilly, en 8 h
marche; un départ par jour.

Voiture pour Genève, passant par Annecy et le pont de La-
ille; deux départs par jour.

Voiture d'Aix à Lyon (entreprise des maîtres de poste), tra-
t en 12 heures; deux départs par jour.

Voiture d'Aix à Grenoble, par la Chartreuse, en 8 heures de
arche.

Poste aux chevaux,

Abondamment fournie, chez MM. Guilland frères.

Chevaux, voitures et chars de voyage et de promenade.

Aux hôtels Guilland et Venat, et chez un grand nombre de
oituriers.

PRIX DE L'ABONNEMENT AU CASINO.

Un homme..	20 fr.
Une dame...	10
Une mère et sa fille non mariée...................	15
Une deuxième demoiselle et un plus grand nombre, our chacune....................................	4
Un père et son fils...............................	30
Un deuxième fils, et un plus grand nombre, pour oacun...	5

Les enfants au-dessous de dix ans, présentés par
eurs parents, ne payent point.

Moyennant 3 francs, les personnes non abonnées sont admises
u bal du dimanche.

BUREAU DES PASSE-PORTS.

Sur la Grande-Place.

TIR AU PISTOLET.

Près la promenade du Gigot.

TYPOGRAPHIE HENNUYER, RUE DU BOULEVARD, 7. BATIGNOLLES.